4/17/63 HK

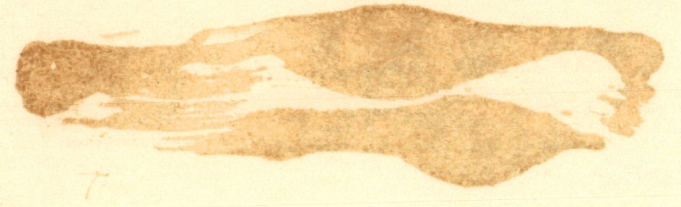

AMERICAN INSTITUTE OF MUSICOLOGY

ARMEN CARAPETYAN, PH. D.
DIRECTOR

CORPUS SCRIPTORUM DE MUSICA

6

MARCHETTUS OF PADUA

POMERIUM

EDITED BY

GIUSEPPE VECCHI

CORPVS SCRIPTORVM DE MVSICA

6

MARCHETI DE PADVA

POMERIVM

EDIDIT

JOSEPH VECCHI

AMERICAN INSTITUTE OF MUSICOLOGY

1961

© 1961 By Armen Carapetyan

MARCHETI DE PADVA

POMERIVM

CONTENTS

Preface . . . . p. 3

Introduction 5

    I. The Manuscript Tradition

        A. Description of the Manuscripts of the *Pomerium* . . . 7
        B. Order and Relationship of the Manuscripts 13
        C. The Evidence of the *Brevis Compilatio* 20
        D. The Literary Philology for the Establishment of the Text . 22

    II. Composition and Date of the *Pomerium* 25

Sigla et compendia scripturae potiora 28

    Facsimiles

        Plate   I: Milano, Bibl. Ambros. D 5 inf., fol. 78r
        »   II: Siena, Bibl. Comun. L. V. 30, fol. 56v
        »   III: Bruxelles, Bibl. Royale II 4144, fol. 46r
        »   IV: Roma, Bibl. Vat. 5322, fol. 93r
        »   V: Pisa, Bibl. Univ. 606, fol. 75

Pomerium in Arte Musicae Mensuratae 29

Indices

    Auctoritatum index 213
    Pomerii index 215

PREFACE

For our knowledge of the notations of the first part of the fourteenth century, and of the differing usage and established practices among the Italians and the French, the usefulness of the treatise by Marchettus of Padua on mensural music is well known. The uncertainty of the dating of the *Pomerium* has, until now, made it difficult to decide what connection there may be between the theoretical system of Marchettus and the theory of the French *Ars Nova* On the other hand scholars have felt keenly the need for a edition to replace that by Gerbert, which has many inaccurate or incomprehensible passages, and incorrect examples. The present work is in response to these two musicological needs.

For the establishing of the text our edition uses two manuscripts already noted by Gerbert, as well as six others (four older and two more recent). The manuscript tradition of the *Pomerium* is not so rich and abundant as that of the *Lucidarium*. In addition, our work utilizes readings and examples of the *Brevis compilatio* in its complete text as contained in the MS at Brussels. Of this De Coussemaker (*Script* III, 1 ff.) offers only a partial text, composed of extraneous matter, after the codex of Saint-Dié.

The graphycal and linguistic criteria used in this edition are dealt with in the first volume of Marchettus' works.

The Editor

INTRODUCTION

I. THE MANUSCRIPT TRADITION

A. DESCRIPTION OF THE MANUSCRIPTS OF THE *POMERIUM*

The treatise by Marchettus on mensural music has reached us, so far as we know, in six manuscripts of the 14th and 15th centuries, and in two 18th century copies of two of the earlier manuscripts. Before examining them for their textual value and establishing their importance and their relationship, let us state a few descriptive particulars.

B   Bruxelles, Bibl. Royale II 4144, 14th cent.; cod. membr. ff. 95, 212x143 mm.

fol. 1r-41r   Lucidarium Marcheti. *Inc.* « Incipit epistola Marcheti de Padua Magnifico et potenti domino suo Raynaldo... Incipit lucidarium Marcheti de padua in arte musicae planae tractatus primus de inventione musicae. Capitulum primum. Qualiter pitagoras adinvenit musicam » (*GS* III 65 sqq.). *Explic.* « ... Et haec de musica plana sufficiant ibi dicta. Explicit lucidarium Marcheti de padua in musica plana » (*GS* III 121).

fol. 41r-90v   Pomerium Marcheti. *Inc.* « Quatuor sunt causae s. materialis, formalis, efficiens et finalis.... » (*GS* III 121-122) fol. 42r *in marg.* « Incipit epistola Marcheti de Padua domino Roberto iherusalem et siciliae Regi. Praeclarissimo principum domino Roberto... » *Explic.* « ... emissiones poterunt invenire cantores » fol. 43r Incipit pomerium marcheti de padua in arte musicae. tractatus primus de caudis et proprietatibus. Rubrica. Quoniam dicente phylosopho... » (*GS* III 123 sqq.). *Explic.* Et haec sufficiant dicere de musica mensurata. Finito opusculum Marcheti de padua. deo gratias. Amen:- Explicit pomerium musicae mensurabilis Marcheti de padua condita cesenae in domo domini raynaldi cintis. Amen » (*GS* III 187).

fol. 90v-94v	Brevis compilatio Marcheti. *Inc.* « Incipit brevis compilatio magistri Marchetti de Padua musicae mansuratae pro rudibus et modernis. Quoniam omnis cantus mensuratus, mensuratus dicitur eo quod tempore mensuratur... ». *Explic.* « ... in alio enim opere nostro musicae mensuratae rationem praedictorum assignavimus » (GS III 1-9).
fol. 94v-95r	« Rogo omnes cantores psallite deo nostro psallite... ad laudem et gloriam conditoris, cui est honor et gloria in saeculorum saecula. amen. » *Hunc locum ex parte Pomerii extrema librarius deprompsit* (GS III 187; hic n° 55).
fol. 95r	« Ad quod non habent sub se speties differentes... Sic de istis spetiebus spetialissimis tamquam de generibus in musica praedicatur ». *Sintne haec verba ex Rubricis brevibus detracta ignoramus* (GS III 188).
fol. 95r	Ars contrapuncti Iohannis de Muris (summarium). *Inc.* « Incipit ars contrapunctus Iohannis de muris summarie compilata. Quilibet affectans scire contrapunctum ea diligenter scribat quae sequantur... » (GS III 59-67). fragm.

Bo Bologna, Bibl. Conserv. A 44, 18th cent., cod. papyr. ff. 222, 280x200 mm., copy of R: fol. 1 Marcheti Lucidarium; fol. 109v Marcheti Pomerium; fol. 221 Rubricae breves. See *Cat.* G. Gaspari, I, Bologna 1890, p. 320.

Bo$_1$ Bologna, Bibl. Conserv. A 45, 18th cent., cod. papyr. pp. 268, 320x220 mm., p. 1 Marcheti Pomerium and Rubricae breves (from R); p. 125 Magistri Franconis Parisiensis Ars cantus mensurabilis; p. 161 Marcheti Lucidarium (from M). See *Cat.* G. Gaspari, *ibid.*

L Lodi, Abbazia Benedettina di S. Pietro (now Tremezzo, Bibl. Sola-Cabiati), 15th cent. (by the hand of Gafurio), cod. papyr. ff. 50, 280x200 mm.

fol. 1r-2v	scriptum non habent.
fol. 2v	Liber Franchini Gafurij musicam profitentis.
fol. 3r-14	Magistri Franconis ars musicae mensuratae. *Inc.* « Incipit ars musicae mensuratae magistri Franconis condam capelani domini d. papae nec non et praeceptoris domus coloniensis hospitalis sancti Johannis Jerosolimitani. prologus. Cum de plana musica... ». *Explic.* « Explicit musicae mensuratae ars magistri Franconis ».
fol. 9r-14v	scriptum non habent.
fol. 15r-32r	Marcheti Lucidarium. *Inc.* « Epistola Marcheti de padua super

	musicam suam. (M)agnifico militi ac potenti domino suo domino Raynerio... ». *Explic.* « ... Et haec de musica plana suffitiant ibi dicta. Finis. Explicit Lucidarium Marcheti de padua magistri in arte musicae planae et mensuratae: scriptum per me presbiterum Franchinum Gafforium in monasterio sancti petri in laude 1473 16 september ».
fol. 32v-38r	Marcheti Pomerium. *Inc.* « Incipit pomerium Marcheti de padua in arte musicae mensuratae. Epistola: (P)raeclarissimo principum domino Roberto dei gratia ierusalem et sicilae regi... ». *Explic.* « ... sed tempus musicam superius diffinitum est primum quod (*Pom.* 20.2: tractatus imperfectus est)... ».
fol. 38v-50r	scriptum non habent.
fol. 50v	Fragmenta musicalia quaedam. *Inc.* « Novem sunt species contrapuncti... » Anno incarnationis domini 1474, etc.

    M Milano, Bibl. Ambros. D 5 inf., 14th cent., cod. membr. ff. 121, 270x200 mm. See *Cat.* G. Cesari, Milano 1920, p. 16.

fol. 1r-11v	Guidonis Aretini Micrologus. *Inc.* « In nomine sanctae et individuae trinitatis. Incipit micrologus id est brevis sermo de musica. Gliscunt corda... ». *Explic.* «...cuius summa sapientia per cuncta viget saecula amen ». (GS II 2-24; CSM 4, 79-233).
fol. 12r	Excerpta ex Regulis rhythmicis Guidonis. *Inc.* « Omnibus ecce modis... ». *Explic.* « ... Cum finem ponit cantus organum .G. appetat ». (GS II 33; 114-115).
fol. 12v-13v	Eiusdem Prologus in Antiphonarium. *Inc.* « In nomine patris et filii et spiritus sancti amen Incipit prologus Guidonis monachi... ». *Explic.* « ut debent ex industria componantur ». (GS II 34-37).
fol. 13v-17v	Eiusdem Epistola ad Michaelem monachum. *Inc.* « Qui vero monochordum desiderat facere... designantur hoc modo *sequuntur notarum litterae* » (GS II 44-46) «...sed solis philosophis utilis est » (GS II 46-50).
fol. 17v-18r	fragmenta quaedam.
fol. 18v-21r	Guidonis Regulae rhythmicae. *Inc.* « Incipiunt versus Guidonis monachi in musica. Musicorum et cantorum magna est distantia... ». *Explic.* « Finit regula Henchiriadis et Boetii et Domni Guidonis monachi. Deo dicamus gratias. amen » (GS II 25-33).
fol. 21v-49r	Musica Enchiriadis. *Inc.* « Incipit liber Henchiriadis in musica. Sicut vocis articulatae... ». *Explic.* «...tropique retinent modum » (GS I 152-212).

fol. 49r-51v   Fragmenta quaedam.

fol. 52r-77v   Marcheti de Padua Lucidarium. *Inc.* «Epistola Marcheti de Padua. Magnifico militi et potenti domino suo domino Raynerio domini Zachariae... sanctus sanctus sanctus cantant quotidie yerarchiae angelicae» *fol. eod.* «Incipit lucidarium Marcheti de padua in arte musicae planae. Tractatus primus et capitulum primum de inventione musicae. Rubrica. Qualiter pytagoras adinvenit musicam memorat Macrobius...». *Explic.* «Et haec de musica plana sufficiant tibi dicta. 1274 *fort. in ras.* Explicit lucidarium Marcheti de padua in arte musicae planae inchoatum Cesenae perfectumque Veronae. Deo gratias» (GS III 65-121).

fol. 78r-110r   Marcheti Pomerium. *Inc.* «Incipit pomerium Marcheti de Padua in arte musicae mensuratae. Epistola: Praeclarissimo principum domino Roberto dei gratia Jerusalem et Siciliae Regi... emissiones poterunt invenire cantores» (GS III 122-123) fol. 78v. «Incipit tractatus primus De caudis et proprietatibus. Rubrica. Quoniam dicente philosopho...» (GS III 123 sqq.). *Explic.* «...et haec sufficiant in 3° libro de musica mensurata. Explicit liber tertius de musica mensurata editus a Magistro Marcheto de padua Serenissimo Principi Roberto Jerusalem et Siciliae Regi» (GS III 187).

fol. 110v-118v   Magistri Franconis ars cantus mensurabilis. *Inc.* «Incipit ars cantus mensurabilis edita a magistro francone parisiensi. Rubrica. Cum de plana musica...». *Explic.* «...de ipso organo sufficiant nobis dicta. Explicit ars cantus mensurabilis. Deo gratias. Amen». (GS III, 1-16).

fol. 119r-120v   Fragmenta, breviaria.

fol. 121r   *In folio summo 1274 legimus; cuius anni adnotatio et in folium 77v irrepsisse videtur.*

P   Pisa, Bibl. Univ. 606, 15th cent. (c. 1429), cod. papyr. pp. 132+57, 260 x 190 mm. See *Cat.* G. Pecchiai, Milano 1918, p. 9.

fol. 0r   *Manus rec.* Marchetti de Padua Tractatus de Cantu Plano Compilatus ante annum 1343 ut colligitur ex Epistola Marcheti quae extat pag. 52. Ad Robertum Regem Siciliae. Prior quidem pars huius Codicis, cuius Auctor Marchettus de Padua vivebat anno quo supra, descripta atque finita videtur an: 1429, ut eruitur ex iis quae dicta prostant in fine pag. 110. Posterioris vero partis auctor est Magister Ioan. de Muris, ut colligitur ex pag. 28 et 34 dictae partis. Tandem in hac secunda parte pag. 44 insertus

	est liber de proportionibus Musicae Iohan. de Ciconiis, ut ex pag. 52 v: 7, qui descriptus est anno 1411.
fol. 0v	*vacuum. Incipit pars prior:*
fol. 1-50	Marcheti Lucidarium. *Inc.* « Incipit Epistola Marcheti de Padua. Magnifico militi et potenti domino suo, domino Raynaldo domini Zachariae... sanctus sanctus sanctus cantant quotidie yerarchiae angelicae » fol. eod. « Incipit Lucidarium Marcheti de Padua in arte Musicae planae. Tractatus primus de inventione Musicae. Capitulum primum qualiter Pytagoras adinvenit Musicam. Macrobius... ». *Explic.* « ...Et hic de musica plana sufficiant ibi dicta. Explicit lucidarium Marcheti de padua in Musica plana » *sequitur nominum notarum graece elenchus.*
fol. 51-109	Marcheti Pomerium. *Inc.* « Quator sunt causae s. materialis, formalis, efficiens et finalis... » (*GS III* 121-122) fol. eod. « Epistola Marcheti de padua domino Roberto yherusalem et siciliae Regi. Praeclarissimo principi domino Roberto dei gratia... emissiones poterunt invenire cantores » (*GS III* 122-123) fol. 52 « Incipit pomerium Marcheti de padua in Arte Musicae. Tractatus primus de caudis et proprietatibus quando non faciunt in musica mensurata. (Q)uoniam dicente philosopho... ». *Explic.* « ...Et hic musica mensurata sufficiant ». (*GS III* 187) « Rogo omnes cantores... ad laudem et gloriam conditoris Cui honor et gloria in saecula saeculorum. Amen (*GS III* 187) « Ad quod non habent sub se speties differentes... Sic de istis specialissimis tamquam de generalibus in musicae praedicatur » (*GS III* 188) « Explicit Pomerium artis musicae mensurabilis Magistri Marcheti de padua Condita Cesenae in domo Raynaldi de Cyntris ».
fol. 110	Rubricae breves. *Inc.* « Tempus perfectum recte in quo ponitur... dividuntur in sex semibreves quae dicuntur minimae. Expliciunt Rubricae breves Magistri Marchetti de padua Musici. finito X die Jovis mensis Novembris 1429.
fol. 111-125	Extractus de tonis ex Lucidario Marcheti et ex Boetio (vide Roma Vallic. B 83, fol. 18r-29v; Firenze, Laurent. XXIX, 48 fol. 93r-118v). *Inc.* « Incipit quidam Extractus Marcheti de padua de Tonis. (D)ivina auxiliante gratia Breve tractatum compilare intendo de arte musica plana. Et hoc primum ad eruditionem mey... » *Explic. cum exemplis de intervallis...* « cum sexto, cum quarto, cum tertio ut hic (*exemplum*) ».
fol. 126-130	Anonimi regulae. *Inc.* « Quaedam regulae de tonis secundum illorum de Francia. (Q)uamvis tonorum musicalium diversitas a multis documentis variis subtiliter et profunde sit ostensa... »

	Explic. cum exemplis de intervallis (unisonus. Semitonium. Tonus. Semiditonus. Ditonus. Dyatessaron. Tritonus).
fol. 130-131	Ex.pla regularum Iohannis de muris in toto et in partibus.
fol. 132	*vacuum. Pars altera sequitur:*
fol. 1-18	Iohannis de Muris Musica. *Inc.* « Quoniam musica est de numero relato ad sonos... » *Explic.* « ...Explicit Musica magistri Johannis de Muris » (GS III 256-283).
fol. 19-29	Iohannis de Muris Libellus cantus mensurabilis. *Inc.* « Quilibet in arte pratica mensurabilis cantus erudiri... ». *Explic.* « ...Deo gratias » (CS III 46-58).
fol. 30-32	Philippi de Caserta. Tractatus figurarum (CS III 118-124).
fol. 33	*exemplum musicae mensuratae notis nigris rubrisque.*
fol. 34-41	Iohannis de Muris Ars contrapuncti. *Inc.* « Quilibet affectans scire contrapunctum... » *Explic.* « ...
fol. 41	*manus Boetii.*
fol. 43	*fragmenta varia.* « Sequitur de tertio membro huius artis ».
fol. 44-51	Iohannis de Ciconiis Liber de Proportionibus. *Inc.* « Venerabili Viro et egregio Domino... » *Explic.* « ...Explicit Liber de Proportionibus musicae Johannis de Ciconiis paduani in orbe famosissimi Musici Anno Domini MCCCCXI ».
fol. 52	Breviarum Iohannis de Garlandia. *Inc.* « Volentibus introduci in arte contrapuncti... » *Explic.* « ...Et haec dicta de Contrapuncti... in nostra schola musicali » (CS III 12-13).
fol. 52-57	Tractatus De canendi scientia. *Inc.* « Quoniam de canendi scientia... ». *Explic.* « ...Terminatus enim in eisdem litteris ». *Fragmenta quaedam sequuntur.*

R	Roma, Bibl. Vat. Lat. 5322, sec. V cod. papyr. ff. 116, 280 x 200 mm. See H. M. Bannister, *Monumenti Vaticani di Paleografia Musicale Latina*, Leipzig 1913, p. 197, n. 991.
fol. 1r-49v	Marcheti Lucidarium. *Inc.* « Marcheti de Padua Lucidarium in arte musicae planae. Epistola. (M)agnifico militi et potenti domino suo domino Raynaldo domini Zachariae... sanctus sanctus sanctus cantant angeli yerarchiae » fol. 1v « Incipit Lucidarium Marcheti de Padua In Arte Musicae Planae. Tractatus primus de Invencione musicae... » *Explic.* « ...Et haec de musica plana sufficiant ibi dicta ».

fol. 50r-115v   Marcheti Pomerium. *Inc.* « Quatuor sunt Causae scilicet Materialis formalis efficiens et finalis... » fol. 51r. *Inc.* « Epistola Marcheti de Padua domino Roberto Jherusalem et Siciliae Regi. Praeclarissimo principum domino Roberto dei gratia... emissiones poterunt invenire cantores » fol. 52v *Inc.* « Incipit pomerium Marcheti de Padua in Arte Musicae. Tractatus primus de Caudis et proprietatibus. Quando non faciunt in Musica mensurata. Quoniam dicente Philosopho... » *Explic.* « ...et haec de musica mensurata suffciant. Rogo omnes cantores... ad laudem et gloriam conditoris Cui est honor et gloria in saecula saeculorum. Amen. Explicit Pomerium Artis Musicae mensurabilis Magistri Marcheti de Padua Condita Cesenae in domo Reynaldi de Cyntris ».

fol. 115v   « Ad quod non habent speties sub se differentes... Sic de istis spetialissimis tamquam de generibus in Musica praedicatur » (GS III 188).

fol. 115v-116v   Rubricae breves. *Inc.* « Tempus perfectum recte in quo ponuntur... dividuntur in sex semibreves quae dicuntur minimae. Expliciunt Rubricae breves Magistri Marcheti de Padua Musici. Deo gratias ».

S   Siena, Bibl. Comunale L V 30, 15th cent., cod. papyr. ff. 150, 220x300 mm.

fol. 1r-12v   Iohannis de Muris Musica. *Inc.* « (Q)uonim musica est de numero relato ad sonos... » *Explic.* « ...Explicit musica magistri iohannis de Muris » (GS III 46-58).

fol. 14r-33r   Cuiusdam Aristotelis tractat. *Inc.* « Sancti Spiritus adsit nobis gratia. (Q)uoniam circa artem musicam necessaria quaedam ad utilitatem cantantium tractare proponimus... » *Explic.* « ...in constitutione de binario et ternario. Ita vigesimus octavus.
    ij ad iiij   iiij ad iij   ix ad viij ».

fol. 33r-47r   Iohannis de Muris Pratica cantus mensurabilis. *Inc.* « Incipit pratica cantus mensurabilis secundum Magistrum Johannem de Muris. (Q)uilibet in arte pratica mensurabilis cantus erudiri mediocriter affectans... » *Explic.* « ...et quando finitur in mi debet esse octava, et quando finitur in la debet esse quinta, et retro habere clausum ».

fol. 47v-48r   Ballata: Io vegio per stasone (Frater Antonius de Civitate).

fol. 48v-56r   Tractatus anonimus. *Inc.* « (Q)uia musica est scientia soni sive sonorum aplicati sive aplicatorum... » *Explic.* « ...Numeri qui vocantur duces sunt numeri maiores, comites vero minores ».

fol. 56v-91v   Marcheti Pomerium. *Inc.* « (Q)uatuor sunt causae s. materialis, formalis, efficiens et finalis... » fol. 57r « Praeclarissimo principum domino Roberto dei gratia... emissiones poterunt invenire cantores. » fol. 47v « Quoniam dicente philosopho...» *Explic.* « ...et haec sufficiant de musica mensurata » *Deest subscriptio.*

fol. 91v-119r   Marcheti Lucidarium. *Inc.* « Marcheti de padua. Lucidarium. Incipit. *Epistola.* Magnifici militi et potenti domino suo domino renerio domini çacheriae... Sanctus, Sanctus, Sanctus cantant quotidie angelicae ierarchiae » fol. 92r « *Deest inscriptio.* (Me)(morat) macrobius libro secundo... » *Explic.* « ...Et haec de musica plana sufficiant ibi dicta. Amen. Explicit Musica plana ».

fol. 119r-121r *Notae quaedam. Inc.* « Nota quod septem sunt litterae super quibus formantur voces artis scilicet .a.b.c.d.e.f.G... » *Explic.* « ...Unde duo signum narrante loca cuius ad ipsum ».

fol. 121r-129r Guidonis Micrologus. *Inc.* « Guidus de sancto Mauro. In nomine sanctae et individuae trinitatis. Incipit micrologus liber de plana musica in brevissimo. Quid est musica... » *Explic.* « ...sol fa, mi, fa ternus, re, ut, re, mi, re quaternus ».

fol. 129r-129v Philippi de Vitriaco brevissimum Compendium. *Inc.* « Sub brevissimo compendio philippi de Vitriaco in musica incipit. Omni desideranti notitiam artis musicae mensurabilis tam novae quam veteris obtinere certas regulas... » *Explic.* « ...temporis unius sit prima secunda dupletur. Explicit philippus de Vitriaco ».

fol. 129v-142v Bernardus Cisterciensis. Psalmodia non minus protendimus... Post metrum semper bona pausa faciamus.
Tractatus fratris petri de sancto dionisio et cetera. Qui est in duas partes distinctus in theorica facultate... » *Explic.* « Secunda est dupla ut sunt decem et octo ad novem sub tali signo 2/1 ut hic ».

fol. 142v-143r Sub brevissimo compendio Bernardus de Cluny in musica incipit. Omnis nota in cantu mensurato vel est maxima vel longa vel brevis vel semibrevis vel minor vel minima... et tunc non alteratur sed perficitur finis. Explicit.

fol. 143v-146r *Notae quaedam.*

B. ORDER AND RELATIONSHIP OF THE MANUSCRIPTS

None of the manuscripts in our possession is believed to be in Marchettus' handwriting, not even the *Ambrosianus* (M). Although this manuscript appears to be very correct in its theoretical text and especially in its musical examples, the fact that words are missing and material is omitted proves it to be a copy. We can readily understand, with a rapid glance at the critical apparatus, the correctness of the Milanese codex; it is a copy executed in beautiful 14th century gothic script, with diligence and richness of ornamentation, with illuminated letters and decorations. The dedicatory lines are outlined in gold, so that we are led to believe that it was written in a good workshop at the instance of some prince. At that time Italian musical life centered in the courts of princes in an atmosphere of refined, humanistic, musical culture [1]. Our copy, to the extent that it concerns the transmission of the *Pomerium*, occupies a singular position in the history of the text. It succeeds in establishing an authoritative and superior family by itself (family *x*), because it does not agree with other extant manuscripts in points in which readings differ.

On the other hand, the four ancient codices: of Brussels (B), of the Vatican Library (R), of the Library of the University of Pisa (P) and of the Communal Library of Siena (S), have, in general, a characteristic group of similarities which allow us to consider them related, though with such ties and degrees of relationship as to require an accurate analysis of their interdependence. We may say that they constitute a «prole-

---

[1] There is, for example, the musical *milieu* at Venice of the Scala family; their musical monument occurs in codex Rossi 215, whose notation does not differ substantially from that described by Marchettus, and which must be only slightly later than *Pomerium*.

tarian » family (family *y*), agreeing in their musical examples (which differ from those of M), and in their addition of an introductory analysis of the divisions of the treatise as well as an Appendix — an « appeal » — by Marchettus to *cantores* to stress the most apparent facts[1]. But, because they do not reach a perfect agreement in the above-mentioned characteristics, and because they separate and regroup according to pre-determined constants, we must postulate the existence of intermediate copies, now lost, which account for the omissions and errors in common. This will become evident from an examination of the individual manuscripts.

Codex *y*, the head of the family, leads in what may be a direct line to the Sienese codex (S), and to the lost Codex *z*, from which the three remaining manuscripts stem. If we consider the time at which it was copied, Codex S is the latest: it is in a humanistic hand of the fifteenth century. Yet it certainly derives from an excellent copy. Not only are we indebted to this codex for confirmation of most of the readings of Codex M (readings which are definitely corroborated and proven by the combined testimony of the two groups), but in some places this codex alone preserves the correct reading:

30f	48	quod non S	quod sic *BMPR*
31	13	vocat	vocales
		caudando	cantando, etc.

Frequently the text of Codex S is corrupted by the omission of vowels or of entire phrases, for instance the dropping of words between identical words, as in the following example:

22	1	Habemus videre qualiter [tempus... qualiter] ipsae notae
	18	tria bene duo. [Ita... tria bene duo] Et sicut tria
	23	mensurandi omnia [alia... mensurandi omnia] quae sunt post, etc.

Yet we can attribute these errors simply to the scribe. In any case the importance of Codex S is not diminished. For the musical examples S uses a method of its own, merely arranging the notes horizontally, without

---

[1] This appeal is missing, however, in the codex of Siena; and in the MS of Brussels it is collated after the *Brevis compilatio*.

any melodic indications, and with concern only that the forms and metric values of the notes correspond with the descriptions in the text.

There remains to establish the relationship and position in the *stemma* of the codices of Brussels, the Vatican, and Pisa, all of which, as we have stated, derive from Codex z. Their common origin is evident as they agree in many variants and show the same omissions and identical musical examples. But since Codex B often differs from the readings of the other two, which are in perfect accord, we should assume the existence of an intermediate copy, *w*, now lost, coordinated with B, as the source of the Vatican and Pisan codices. With this, once we add the fragmentary Codex Sola-Cabiati (L) of which we are going to speak later on, the cycle of the older manuscripts is completed [1].

The Brussels codex deserves a special examination. Mentioned by Fétis in his *Biographie universelle* [2], where it is called, « mon manuscrit », this codex comes from the fourteenth century and is written in a large, clear script, with the examples incorporated in the text. In view of the original structure of the text of B, in relation to the other codices of its family, it seems normal that it agrees at times with *PR*, at others with *S*, and at others with *PRS*. Its testimony and usefulness are rendered more complete by the numerous additions of another hand (or perhaps more than one), which modifies the original text to some considerable extent. The corrector (if we may speak of but one later hand) worked intelligently: he added the words missing in all three manuscripts (*BPR*) of family *y*, he corrected the wording of the first hand where a new wording would make better sense, and he left a choice of readings where he was uncertain about the right one, placing one of the readings in the margin preceded by the expression *aliter*. It is clear that the *manus recens* derived the material of his corrections and additions from another manuscript; from the nature of the variants, this seems to have been from family *x* (though a codex other than Codex *M*, since there are additions in B that are missing in the copy of the Ambrosiana). Only a few cases (corresponding with Codex S)

---

[1] The copies at Bologna (A 44, A 45) are from the eighteenth century and have no interest for us since the codices from which they were copied are still preserved; we will not refer to them except in rare cases, to clarify a reading.

[2] Fétis, *Biographie universelle des musiciens*, Paris 1863, Tome V, p. 450.

would be related to family *y*, leading one, perhaps, to conjecture a double revision [1]. In any event, the Brussels manuscript shows signs of an old collation and so becomes infinitely more precious for the modern editor.

Finally there are the codices of the Vatican and of Pisa, both *recentiores*, copied by humanist hands of the fifteenth century. The Vatican copy, with its musical examples in the margin, is the more handsomely and carefully done. The Pisa copy, with its musical examples on a staff of five lines, is less tidy [2].

Humanistic is also Codex L from the Library of the Benedictine Abbey of St. Peter's in Lodi by the hand of Franchino Gafori, and fragmentary (it is interrupted in *Pom.* 20, 2), belonging to family *x*: in fact it agrees fundamentally with M and where it differs, it goes on like the nearest apograph of *y*, the Sienese Codex.

The relationships which we have propounded here are tabulated in the *stemma codicum* below.

In accordance with the hierarchy of the manuscripts we have established, the reading of the *Pomerium* will follow closely the text of Codex M, adopting its *inscriptiones* and *subcriptiones* to the treatises, its chapters, and their subdivisions, as well as its musical examples, which are correct, and which correspond to the theoretical passages they are meant to illustrate [3]. The other manuscripts will be used to complement the reading of M, to correct its occasional vagaries, poor spellings, and omission of words or more extensive passages. Of the manuscripts of the second family, it is principally S which, despite many faults, offers readings that are good, and sometimes unique. Codex B comes next in order of preference because in its original text and, above all, in its more recent elaboration, it offers suggestions and noteworthy contributions to a correct interpretation of controversial passages.

---

[1] These few cases may well be explained in some more simple and elementary way.

[2] Their derivation from the same source is evident from a correspondence of material (missing in BS: *Pom.* 54, 13-17) added later to the common source *z*, and from the addition of the *Rubricae breves*.

[3] The unfortunate errors in the examples and in the treatise as printed by Gerbert result from the fact that he followed the readings of the poor codex R and did not use M which merely was known to him.

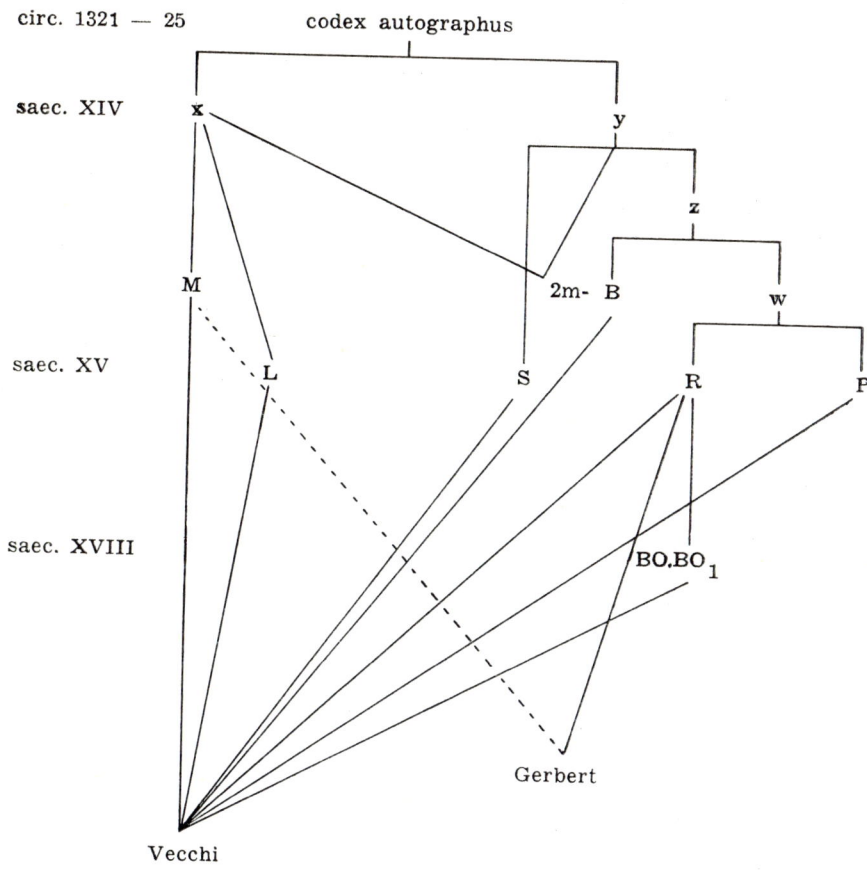

Stemma

codicum Marcheti de Padua Pomerium continentium

Inter codicem Marcheti manu scriptum et duplicem extantium recentionem exemplaria fuerunt, aberrantes quasdam lectiones iam ferentia, quae perstringendi causa omisimus.

C. THE EVIDENCE OF THE *BREVIS COMPILATIO*

With this, the evidence is not yet exhausted. There remains to be considered the *Breviarium* of the works of Marchettus, the *Brevis compilatio in arte musicae mensuratae pro rudibus et modernis*, published by Coussemaker[1], as a documentary aid to the better understanding of the *Pomerium*. Coussemaker noted the usefulness of this work for a new edition of Marchettus' treatise[2], and Fétis correctly affirmed that this « résumé anonyme » was « fort bien fait... avec des exemples trés bien notés »[3]. The statements of these two scholars were well founded; yet until now this little work remains fragmentary and little known[4], so that some elaboration and discussion of its text are necessary.

Our knowledge of the text, through Coussemaker's edition, is based on Codex 42 of the Bibliothèque municipale at Saint-Dié, a manuscript discovered during the last century by Grosjan. This contains a precious

---

[1] *CS*, III, pp. 1-12.

[2] E. De Coussemaker, *Notice sur un manuscrit musical de la Bibliothèque de Saint-Dié,* Paris 1859; on p. 13 he remarks that for the correct musical examples and for the development and application of the differences between the Italian and French notations, the brief treatise would be of great use for a future edition of the *Pomerium*.

[3] Fétis, *Biographie universelle*, cit., *ibid*.

[4] Coussemaker's edition lacks almost the entire section having to do with *tempus perfectum;* this was contained on the three folios missing in the manuscript used by Coussemaker. Beyond this he adds two parts foreing to the *Compilatio*, one of which can be identified in the *Rubricae breves* (CS III, 9b-11b), a pseudo-Marchettus' treatise previously edited by Gerbert (*GS*, III, 188), and the other in a final fragment of the *De regulis contrapuncti seu discantus*, which was contained on a folio missing in the manuscript.

collection of treatises (among them the *Lucidarium*[1] of Marchettus) from the fourteenth century[2]; unfortunately the manuscript has a *lacuna* of three folios (between f. 60 and f. 61) which falls in the middle of the *Compilatio*[3]. Fétis' acquaintance with the text, however, comes from the fourteenth century Codex II, 4144, of the Bibliothèque royale in Brussels, which, as has been noted, was then in his possession. The *Brevis compilatio* is preserved there in its entirety and is not augmented by extraneous additions. It is evident that the text of this compendium has to be taken from both manuscripts, and only in this way can it be made useful[4].

Whether the author was Marchettus himself is difficult to say. We are inclined to believe so because the material of the *Pomerium* is arranged here according to a clear, logical plan, with the same dialectic method, and the same laws of rhythmic prose which we will discuss shortly, and because the author speaks again and again of the *Pomerium* as a work of his own[5].

---

[1] It is noteworthy that the codex bears the title, *Lucidarium Marcheti de Padua in arte musicae planae tractatus,* though it also contains several other treatises.

[2] See the *Notice* of De Coussemaker already cited in note 2 page 17.

[3] See p. 17 note 4.

[4] The edition of the *Brevis compilatio,* based on the two codices mentioned above and on a fragment (*De ligaturis*) of Cod. Rome, Vallic., MS. B 83, appears in G. Vecchi, " Su la composizione del « *Pomerium* » di Marchetto da Padova e la « *Brevis compilatio* » ", in *Quadrivium* I (1956), pp. 153-205.

[5] For example: (the numbering is of the edition cited above): 1, 11: Dictum est alibi in *nostro* opere musicae planae...; 10, 18: In hoc opusculo rationes ponere non curamus... in alio enim opere *nostro* musicae mensuratae rationes assignavimus praedictorum.

D. THE LITERARY PHILOLOGY FOR THE ESTABLISHMENT OF THE TEXT

In many passages we find ourselves perplexed about the acceptance of a variant: we do not know whether to credit the testimony of *M* or that of *BPRS*; whether to agree to a word which is missing in one group or in the other; whether to arrange words as indicated by one, or transposed by the other. For example, in I. 1, should we accept the *recommendationem humilem* of *LM*, or the *recommendationem humilem et devotam* of *BPRS*? In these cases literary philology comes to our aid.

Like the *Lucidarium* before it, the *Pomerium* follows the scholastic practices of the time, and hence is regulated by rules of the *compositio*, rules which were taught in the school of rhetoric, and which were an expression of a form and of a sphere of culture[1]. According to such rules Marchettus' prose is governed by an harmonic arrangement of words, which proceed in line with defined, euphonic, verbal groupings (*cursus*), especially present in the cadence of comma, colon and period. It is necessary to ascertain the literary practices peculiar to Marchettus' exposition, and to determine the types of clauses used — clauses that give us helpful suggestions for our edition.

Without compiling statistics extracted from the whole treatise, we shall make a list of the cadences of the dedicatory letter — the middle and final cadence — following the «rhythmical» punctuation of the manuscripts; we derive those cadences from the letter to King Robert

---

[1] Several passages of the *Pomerium* show us that Marchettus had the scholastic usage in mind, as when he suggests that the name of *musica falsa* be changed to *musica colorata*, supporting this with the fact that, «in gramatica fiunt *colores* rhetorici ad pulchritudinem sententiarum» (16. 1).

of Naples, because they are more numerous, while remembering that the same cadences are present, although less frequently, in the theoretical tract itself.

a. cursus planus:

   I. 1 coronari perenni.
       2 maiestatis exultant,
         clamare non-cessant. (cum consillabicatione)
       3 ovanter oblatis,
       4 duces illustres,
       6 formalitate venustum,
         dirigente ducatu,
       7 producta lucescat,
       8 indagata pandatur.
       9. invenire cantores.

b. cursus tardus:

       2 caelestis exercitus,
         esse specifica,
       5 conformari conati-sunt, (cum consillabicatione)
         caterva canentium,
       6 intentione considerans,
         opusculum condere,
       7 mensura deducitur,
         voluntatis arbitrio,
       8 pulsis erroribus,

c. cursus velox [1]:

       1 humilem et-devotam, (cum consillabicatione)
         exitum in-agendis,   »
       2 invariabilem armoniam,
       3 siquidem et-magnates,   »
         ecclesiae militantis,
         seriosius imitari,
         specialiter insigniti,
         regimine praeferuntur.

---

[1] The «cursus velox» is demanded by the *dictatores* above all at the end of period, and therefore Marchettus follows that law in his work.

    4 principum exhibendo,
       principalior extitisse.
    5 principes imitantes,
       vestigia ex-natura,   (cum consillabicatione)
       regiam circumsaepti,
       transmittitis exultantes,
       ministerio personatis.
    6 celsitudini offerendum,
       ancipiti laborantem,
       ordine delectaret,
       fulcimina rationum,
       conspectibus gratum-erit.
    7 cantoribus ostendetur,
       ordine referatur.

Other models (like the *trispondaicus*: 3,3 deorsum ifra-ipsum) which are not found in the dedicatory letter, appear instead, here and there, in the treatise.

We should be able to make a very long list of passages in which an examination of the clauses has lead us to a good reading; but of these we give only a few examples:

  1. 1 humilem et devotam (*c. velox*: BPRS)   humilem LM
  3. 29 per spatia protrahatur (*c. velox*: LMS)   potrahatur per spatia BPR
  8. 1 temporis divisione (*c. planus*: LM)   divisione temporis BPRS
  10. 2 navim necessaria gubernandam (*c. velox*: LMB)   n. guber. necessaria PRS, etc.

The intention of the writer to apply ornate rhythm is also evident in the use of the *traiectiones,* which modify the natural sequence of words in order to achieve an harmonious clause, as one can see in one of the examples just quoted: 10, 2: ad navim necessaria gubernandam.

And we close the present reference to the support of literary philology with another observation. The «relationship of importance» determined among the manuscripts on the basis of a greater diligence and on a more assured adherence to Marchettus' original is confirmed by an examination of the clauses and of the harmonic structure; in fact, the Milan codex takes the prize for a solicitous attention to rhythm and to punctuation of clauses, while the other manuscripts are more or less negligent from this point of view.

II. COMPOSITION AND DATE OF THE *POMERIUM*

To evaluate fully the contribution of Marchettus' work, and to place it in its proper sequence in the mensural notation of the 1300's, it is necessary to decide, precisely, when it was written.

After having lived at Cesena, during the period of the rule of Robert of Naples, and under the Vicarate of Raynerius, son of Zaccharia of Orvieto, who held sway until 1318, and after having gone to Verona where he completed the *Lucidarium*[1], Marchettus returned to Cesena; and in this second permanent domicile he started the composition of the *Pomerium*.

When Marchettus wrote the *Lucidarium* he already hed in mind to write a treatise on mensural music and its *accidentia* — a very comprehensive (non semiplene) and well thought out treatise[2]; later, in the *Pomerium,* he repeatedly cited the previous work on *musica plana*[3]. But how much time elapsed between the first work and second? Historians have turned toward the dedicatory letter to Robert of Anjou, which was a correct and simple thing to do; but that letter, unfortu-

---

[1] The *Lucidarium* was written some time between 19 August 1310 and 11 July 1318; for the chronological problems connected with this work, and for the biography of Marchettus', see the introduction to the *Lucidarium*.

[2] *Lucid.* 16. 5 (GS, III 69b): De hac... mensurata ad praesens non intendimus, quia in quodam alio nostro opere de ipsa et de suis accidentibus proposuimus non semiplene tractare, Domino concedente.

[3] At the conclusion of the *Pomerium* there is the following (55. 3): Post librum a me conditum sapientiam planae musicae ostensivum addidi componere librum istum... The citations from the *Lucidarium* are preceded by the words, *dictum est, ostensum est;* therefore the passage, « clarius ostendetur in opere planae musicae » (GS, III 135a) should be corrected to read, « clarius ostenditur... ».

nately, permits too wide a margin of time, which stretches from 1319 (that is, after the composition of the *Lucidarium*) to 1343 (the year of Robert's death). In such manner one can argue with equal justification that the work was composed very early, or that it was written later, after the issuing of the four French treatises under the names of John of Muris and of Philip of Vitry [1].

Some passages of the dedicatory letter (animum regium in campo praesentis militiae marte bellorum ancipiti laborantem) lead Strunk [2] to note therein a reference to the beginning of a Provence campaign (1319); but such indications do not seem to reflect a particular moment in the politics or in the life of the state of Anjou, because the latter was troubled by reverses and by uncertain events when Robert was away in Avignon, and after his return from there [3].

Hence we must have a firmer date to pull us out of this dilemma; and fortunately this is offered in the *subscriptio* of the *Pomerium* itself. From it we learn that the treatise was written at Cesena in the home of Raynaldus de Cintiis [4], a wealthy citizen who posed as a Maecenas and as a petty tyrant in his city. The accounts we have of him run from 1321 to 1327, but he was in the heyday of power in the years 1324-1326, during which we see him as *podestà* of Padua and later as a captain in Cesena. His attempt to become a lord (*to tyrannizare*, as the *Annales* say), was the cause of his imprisonment (June 20th, 1326), and of his death (March 2nd, 1327) [5].

---

[1] Both hypotheses, either of which seems tenable, raise the interesting problem of determining French or Italian priority or dependence in the origins of the *ars nova*. However even if the date of the *Pomerium* was settled there would remain open the problem of the exact dating and attribution of the French treatises before any definite solution could be reached.

[2] O. Strunk, « Intorno a Marchetto da Padova », in *La Rassegna Musicale* (1950), p. 312 sgg.

[3] R. Caggese, *Roberto d'Angiò e i suoi tempi*, Firenze 1921-1930, I, 118 sgg.

[4] The reference occurs in codices *B*, *P* and *R*: conditum in domo Raynaldi de Cintis.

[5] The source of this information is in the *Annales Caesenates* published by Muratori in the RR. II. SS., and used by Scipione Chiaramonti in *Caesena Historia* (Cesena 1641), p. 492 sgg. and most recently by Zazzeri, *Storia di Cesena*, Cesena 1890, p. 182 sgg.

Because Marchettus' work was composed «in domo Raynaldi», it has as its time limits *post quem* and *ante quem* the above-mentioned dates that concerns Raynaldus (1321-1326)[1].

---

[1] On the cultural *milieu* at Cesena and the circle about Raynaldus see G. Vecchi, S*u la composizione del* «*Pomerium*», etc. cit., p. 156 sgg.; and N. Pirrotta, " Marchettus' de Padua and the Italian « *Ars nova* » ", in *Musica Disciplina*, IX (1955), p. 57 sgg.
 The study of the biographical and historical problems concerning Marchettus and his musical theories is dealt with in another section of Marchettus' work. -

SIGLA ET COMPENDIA SCRIPTURAE POTIORA

A. CODICUM ET LIBRORUM IMPRESSORUM SIGLA

B	Bruxelles Bibl. Royal II 4144 (*Pomerium; Brevis compilatio* Bc)
Bo	Bologna Bibl. Conserv. A 44
Bo$_1$	Bologna Bibl. Conserv. A 45
D	Saint-Dié Bibl. Municip. 42 (*Brevis compilatio*)
L	Lodi, nunc Tremezzo Bibl. Sola - Cabiati
M	Milano Bibl. Ambros. D 5 inf.
P	Pisa Bibl. Univ. 606
R	Roma Bibl. Vatic. Lat. 5322
R$_3$	Roma Bibl. Vallic. B 83 (*fragm. De ligaturis*) (1)
S	Siena Bibl. Comunale L 5 30
Co	*Brevis compilatio in arte musicae mensuratae pro rudibus et modernis* (Quadrivium, I, 1956, p. 177 sqq.)
CS	de Coussemaker, Scriptores de musica
CSM	Corpus Scriptorum de Musica (Amer. Instit. of Musicol.)
GS	Gerbert, Scriptores de musica

B. SCRIPTURAE COMPENDIA AD APPARATUM CRITICUM PERTINENTIA

add.	addit, addunt	*m.*	manus
c. c.	cursus causa	*om.*	omisit, omiserunt
cdd.	codices	*ras.*	rasura
corr.	corrigit	*rec.*	recentior
del.	delevit, deletum	*reiec.*	reiecimus
dub.	dubitanter	*pr.*	primus, prima
eras.	erasum	*sq.*	sequitur, sequuntur
fort.	fortasse	*sc.*	scilicet
in marg.	in margine	*suprascr.*	suprascriptum, suprascripsit
lac.	lacuna		
lin.	linea, lineis	etc.	

---

(1) R$_1$ e R$_2$ (codices Romani Vatic.) *Lucidarium* continent.

MARCHETI DE PADUA

Pomerium
in arte musicae mensuratae

Tab. 1. - Milano, Bibl. Ambros. D 5 inf., fol. 78r.

Tab. 2. - Siena, Bibl. Comun. L V 30, fol. 56v.

lio cute. Cap̄lr. j. de caudis ⁊ p̄rietatibz q̄ faciūt
Ostēs͞o de caudibz notar͞u ⁊ ī musica mēsurata. R̄.
p̄rietatibz qn nō faciāt negatiue, puta, scientie procedere uolentes, uidendū ē de ipīs, ⁊ de aliis p̄rietati-
bus adiūctis notis qn ī mēsura cātus faciāt posīti-
one. ⁊ hoc rationabilit̄ ē tratādū deipīs, ⁊ de aliis
p̄rietatibz adiūctis notis simul. Nam caude sup̄
alias p̄rietates, addūt solū ratiōz p̄ducibilitatis, infra
ipas notas, ⁊ nō sup̄, sic alie p̄rietates, sed ut dc̄m ē,
ipe etiā p̄rietates dicūt. ¶ Dicam ergo de ipīs p̄rie-
tatibz oībus adiūctis notis. Cirm. q̄o sciēdū ē, q̄
magister. Fr̄a gon⁹, ⁊ ceteri doctores musice mē-
surate, sic diuersificāt ipas p̄rietates. Dicūt ē q̄
addita p̄rietas note ex p̄te dextra īnuit nota lōgā,
siue sit simplex, siue ligata. Sed sep̄ īferius p̄trac-
ta, ut hic. ♫♫♫ A p̄te uō sinistra īferius ī-
nuit notā breuē, ⁊ hoc ītelligere deb̄em⁹ ī qlibet
ligatura descēdenti, ut hic. ♫♫♫ Et hec
due p̄rietates dicūt caude, eo q̄ ista sua p̄ncipia p̄-
trahūt, ut dc̄m ē. Pro p̄tas uō addita note ⁊ p̄trac-
ta sursum, a p̄te sinistra, īnuit notā sc̄ibreuē, ut
hic p̄. ♫♫♫ ¶ Protracta uō sursum a
p̄te dextra ultime note ligature ascēdētis ul' disce-
dis īnuit plicatiōz note p̄ modū plice, ut hic patet.
♫♫♫ ¶ Sed licet isti doctores talia dixerīnt,
tame nō īueni⁹ eos p̄ basse ī libris aliqbus dc̄a sua. Nulli tame dubiū ē̄ debet, q̄ tanti ⁊ tales doctores ⁊
rationabilit̄ p̄ssert, in scriptis tame ponere nō cu-
rarūt. Nos ē̄ iuxta nostrū modulū sic demostramus

Tab. 3. - Bruxelles, Bibl. Royal II 4144, fol. 46r.

diuisionem, ut monstratu est. Principaliter tamen
cadunt in nouenaria, ut infra patebit et in ipsa principaliter cadut. Volumus q̃ quando sunt uniformiter fi-
gurate, q̃ semper nouenaria proferatur diuisionem.
Et quando debent ad duodenariam pertinere, volumus
q̃ semper caudentur in sursum, ille que ad ipsam pertinent, et in principio, et in medio, et in fine. Ceteris
que ad senariam pertinent diuisione q̃ ipsis nouem
sua remanentibus in natura. Vt hic

¶ Item queritur quid si sint decem. Dicimus q̃
orto plue ad diuisione duodenaria pertinent, duabus
in senaria existentibus, quia tunc prima, secunda, tertia
et quarta de sex diuisa est, ut hic patet

¶ Possunt tamen tales due ad diuisione senaria
pertinentes, et in principio et in fine figurari caudas in sursum ceteris adiungendo, ut hic

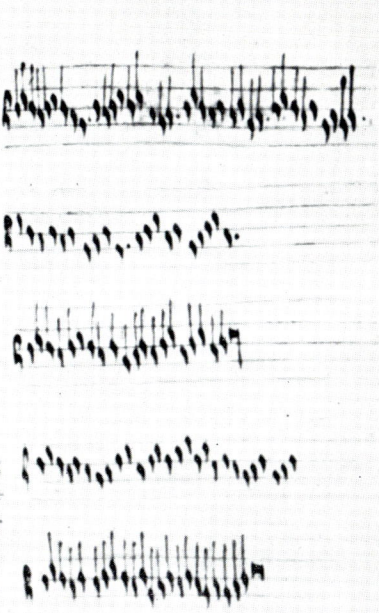

¶ Item queritur quid si sint undecim. Dicimus q̃
decem prime ad duodenaria diuisione pertinent, ultima in senaria existente, et tunc prima pars de sex secunda, tertia, quarta et quinta diuisa est, ut hic patet

¶ Potest tamen sola illa que ad senaria pertinet
diuisione in principio, et in medio figurari reliquis
caudam adiungendo, ut hic

¶ Item queritur quid si sint duodecim. Dicimus
q̃ debent uniformiter signari, quia tunc prima pars

Tab. 4. - Roma, Bibl. Vat. 5322, fol. 93r.

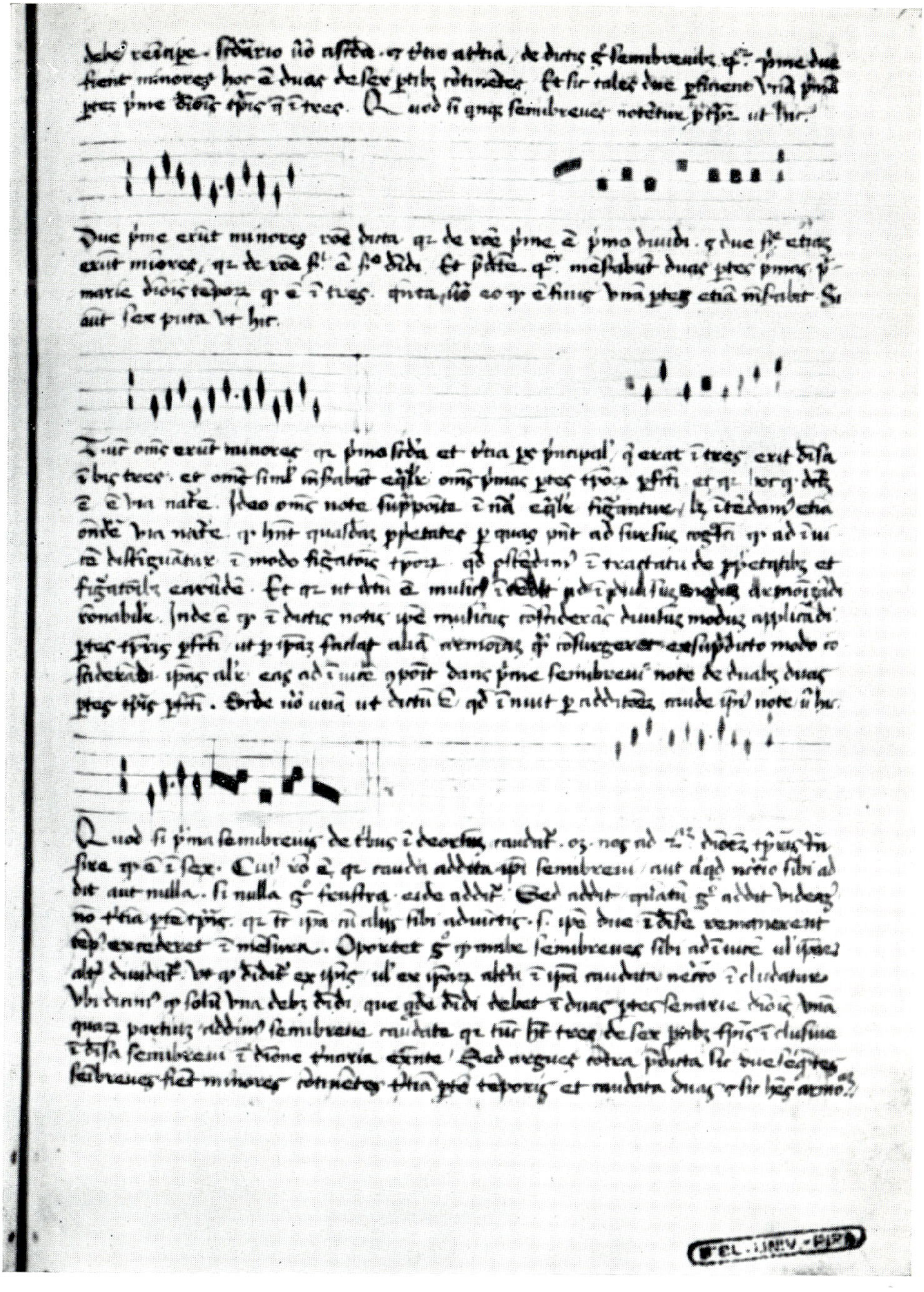

debes retinere. Secundario non notatur. Et uno actu, de dictis 5 semibrevibus q[ua]r[um] p[ri]me due fient minores hoc a duas de sex p[ar]tib[us] rotundes. Et sic tales due p[er]tinent v[e]l una p[ro]ut pro v[n]o diois t[em]p[or]is q[ui] c[on]tinet tres. Quod si quq[ue] semibreues notantur p[ro]ut ut hic.

[musical notation]

Due p[ri]me erut minores roe dicta, q[uia] de roe p[ri]me a p[ri]mo diuidi. et due sc[ilicet] ete[r]q[ue] erut miores, q[uia] de roe sc[ilicet] a so didi. Et p[ate]t q[uod] mestabit duas p[ar]tes p[ri]mas p[ro] marie dicois t[em]p[or]is q[ui] e[st] i[n] tres. q[ui]ta sc[ilicet] eo q[uod] e[st] vltimus v[n]a p[ar]tes etia mistabit. Si aut sex puta v[e]l hic.

[musical notation]

[...continued paleographic text, largely illegible Latin musical treatise...]

Quod si p[ri]ma semibreuis de tribus i[n] decortis, raudit. o3 nos ad 2ª dioes, tp[us] diu[i]s[ione] sixa q[ue] e i sex. Cui[us] vo a, q[uod] raudi addita ipi semibreui aut dq[ua] neio sibi ad dit aut nulla. Si nulla q[uae] feustra eide addit. Sed addit q[ui]am q[uia] addit indeaq[ue] no t[er]tia p[ar]te t[em]p[o]ris, q[uia] tr ipsa nu alijs sibi aduirtis s[ecundum] ipo due i[n] ise remanerent sep[er] excederes i[n] mediua. Op[or]tet q[uod] multe semibreues sibi ad iume ut ips[as] dep[er] diuidat. V[n]o q[uod] didit ex tp[us] ut ex ipsa addit i ipsa rauditu neiro i[n] elucidatura Vn[de] dim[us] q[uod] solu una deb[et] didi. que q[u]a didi debat i duas p[ar]tes semarie dicois v[n]a quar[um] part[es] reddin[t] semibrevis raudata q[uae] tur f[iu]t treos de sex p[ar]tib[us] tp[or]is i[n] du[pl]ina i dist semibreuis i dione t[er]ia e[x]ente. Sed neq[ue] rotea p[er]ita sic due seq[ue]tes seubreues fiet minores rotundetes t[er]tia p[ar]te t[em]poris et raudata dua, et sic hec anno.

Tab. 5. - Pisa, Bibl. Univ. 606, fol. 75

PRIMAE PARTIS PRIMI LIBRI DIVISIONES PRAEMITTUNTUR

¹ Quattuor sunt causae, scilicet materialis, formalis, efficiens et finalis:

² materialis, ipsa musica mensurata;

³ formalis, modus tractandi de ipsa in hoc opere;

⁴ efficiens, ipse actor;

⁵ finalis, ut sciatur musica mensurata, etiam et cantari rationabiliter et non pro libito voluntatis, sicut quibusdam videtur.

⁶ Libri titulus talis est: INCIPIT POMERIUM, etc.

⁷ Iste liber dividitur primo in duas partes, scilicet in prooemium et tractatum. ⁸ Secunda pars incipit ibi: *Quoniam dicente Philosopho de Anima.* ⁹ Prima remanet indivisa. ¹⁰ Secunda dividitur in tres; nam primo tractat de pertinentibus ad musicam mensuratam via perfectionis, secondo, via imperfectionis, tertio, utroque modo. ¹¹ Secunda pars in principio secundi libri, et tertia in principio tertii libri.

¹² Prima dividitur in duas, quia in prima tractatur de accidentibus musicae mensuratae, in secunda de essentialibus

---

B 41r   P 51   R 50r   S 56v

Primae partis... praemittuntur *ego, non habent* BPRS   Incipit Pratica marchetti in musicha. Libellus intitulatur Pomerium S, *totum capitulum om.* ML

⁴ efficiens *corr. m. rec.* B   auctor *pro* actor S,   ex auctor *corr. m. rec.* B

⁵ set ibi *pro* etiam S   vester *pro* videtur B

⁶ prohemium *pro* Pomerium P

⁷ *ante* prooemium, in *om.* S   ¹¹ tertii libri; libri *om.* S, *m. rec. in marg.* B

¹² d *pro* duas P   primo *pro* in prima PR   essentialibus *corr. m. rec.* B

31

ipsius. [13] Pars secunda in principio tractat de tempore perfecto,
18,1   scilicet: *Ostenso superius,* etc.

[14] Prima dividitur in quattuor, secundum quattuor accidentia de quibus tractatur in ipsa musica mensurata. [15] Pars
5,1   secunda incipit ibi: *Sequitur videre de pausis.* [16] Pars tertia
9,1   ibi: *Sequitur videre de pontello.* [17] Pars quarta ibi: *Sequitur*
13,1   *videre de quodam signo.*

[18] Prima dividitur in duas; nam primo tractat de caudis et proprietatibus quid non faciant negative in musica mensurata,
4,1   secundo quid in ipsa faciant positive. [19] Secunda pars incipit ibi: *Ostenso de caudis et proprietatibus notarum.*

[20] Prima dividitur in duas, quia primo dicit modum tractandi universaliter in libro; [21] secundo dicit modum tractandi signatum de caudis et proprietatibus quem intendit.
2,6   [22] Pars secunda incipit ibi: *Et quia magis coniunctum accidens.*

[23] Prima dividitur in tres; nam primo ponit intentum, secundo probat propositum, tertio concludit modum. [24] Pars
2,3   secunda incipit ibi: *Quantum ad primum est sciendum.* [25] Pars
2,5   tertia incipit ibi: *Ut igitur via scientifica.* [26] Omnes indivisae
2,6   usque ad partem illam: *Et quia magis coniunctum accidens.*
[27] Et ista dividitur in tres partes; nam primo dicit se velle tractare de caudis et proprietatibus, secundo dicit modum tractandi de ipsis, tertio de ipsis tractat. [28] Pars secunda inci-
2,7   pit ibi: *In quarum tractatu,* etc. [29] Pars tertia: *Quantum ad*

---

    14   tractat *pro* tractatur S, tractatus BP
    15   Secunda pars PR secunda *m. rec. in marg* B
    16   ibi *m. rec. in marg.* B   puntello BPRS
    18   quod *pro* quid PR   faciunt *pro* faciant PR   secunda *pro* secundo S
in ipsa, in *om.* PR   faciunt *pro* faciant PR
    20   dicit *corr. m. rec.* B
    22   Pars *om.* PR   ibi *om.* PR   magni *pro* magis BPR
    25   incipit *om.* PR, *m. rec.* B
    27   se velle *corr. m. rec.* B   dicit *suprascr. m. rec.* B   detractat *pro* de ipsis tractat S
    29   Quantum *corr. m. rec.* B

3,1 *primum est sciendum.* ³⁰ Et omnes indivisae usque ad istam. ³¹ Et ista dividitur in quattuor partes; nam primo determinat veritatem quid caudae et proprietates non faciant negative in musica mensurata. ³² In aliis vero partibus facit tres instan-
3,31 tias circa determinata. ³³ Secunda pars ibi: *Sed ipsi possent*
3,37 *dicere.* ³⁴ Pars tertia ibi: *Sed ipsi possent arguere.* ³⁵ Pars
3,48 quarta ibi: *Sed tunc ipsi possent dicere.*

³⁶ Prima dividitur in duas; nam primo determinat veritatem circa praedicta, secundo deducit contrarium opinantis ad
3,50 inconvenientia. ³⁷ Secunda pars incipit ibi: *Demonstrato contra motivum.*

³⁸ Prima dividitur in duas; nam primo ponit veritatem de caudis et proprietatibus, secundo refellit aliquorum opinionem.
3,15 ³⁹ Pars secunda incipit ibi: *Quorundam opinio fuit.*

⁴⁰ Prima dividitur in tres, quia in prima distinguit caudas a pausis. ⁴¹ In secunda distinguit eas a proprietatibus. ⁴² In tertia ponit modum tractandi de caudis. ⁴³ Pars secunda incipit
3,7 ibi: *Distinguuntur similiter ipsae caudae.* ⁴⁴ Pars tertia ibi:
3,8 *De caudis ergo ipsis tractando.*

⁴⁵ Prima dividitur in duas; nam primo distinguit caudas a proprietatibus, secundo rationem distinctionis assignat. ⁴⁶ Pars
3,3 secunda incipit ibi: *Cuius ratio quia de ratione caudae,* etc.

---

³¹ Et ista *corr. m. rec.* B   quod *pro* quid BPR   caudae faciant S   proprietas S   faciunt *pro* faciant PR
³³ Pars secunda P   ipsa *pro* ipsi BP
³⁶ opponentes *pro* opinantis S
³⁷ contrarium motivus *pro* contra motivum S
³⁸ ponitur veritas *pro* ponit veritatem S   caudibus *pro* caudis BP   repellit *pro* refellit PRS
³⁹ fuit *corr. m. rec.* B
⁴⁴ tercia incipit *m. rec. in marg.* B   tractado *pro* tractando B
⁴⁵ Primo *pro* prima P   dividitur *om.* PR
⁴⁶ incipit *om.* BPR   caudae *om.* PR

TABELLA

IN QUA ACCURATIUS DIFFINIUNTUR DIVISIONES OPERIS IN PARTE 1 FACTAE

In quot partes	Numerus divisionis	Pars	Capitula quae eam componunt	Fons ex toto cap.
2	I	1	1	7
		2	2-54	8
3	II	1	2-32	10
		2	33-43	11
		3	44-54	11
2	III	1	2-17	12
		2	18-32	13
4	IV	1	2-4	14
		2	5-8	15
		3	9-12	16
		4	13-17	17
2	V	1	2-3	18
		2	4	19
2	VI	1	2,1-2,5	20
		2	2,6-3	22
3	VII	1	2,1-2,2	23
		2	2,3-2,4	24
		3	2,5	25
3	VIII	1	2,6	27
		2	2,7-2,11	28
		3	3,1-4	29
4	IX	1	3,1-3,30	31
		2	3,31-3,36	33
		3	3,37-3,47	34
		4	3,48-3,49	35
2	X	1	3,1-3,49	36
		2	3,50-3,60	37
2	XI	1	3,1-3,14	38
		2	3,15-3,49	39
3	XII	1	3,1-3,6	40
		2	3,7	43
		3	3,8-3,14	44
2	XIII	1	3,1-3,2	45
		2	3,3-3,6	46

Tabellam ego, non habent edd.

INCIPIT POMERIUM MARCHETI DE PADUA IN ARTE MUSICAE MENSURATAE

1   Epistola

¹ Praeclarissimo principum, domino Roberto, Dei gratia Jerusalem et Siciliae regi, Marchetus de Padua recommendationem humilem et devotam, et hic triumphalem exitum in agendis, et sursum diademate coronari perenni. ² Inter cunctos ierarchicos actus, quibus militia caelestis exercitus et supernorum alma spirituum ierarchia in sidereis choris ante thronum deificae maiestatis exultant, dulcisonae vocis actio, producens invariabilem armoniam, iuxta Gregorium videtur esse specifica, dum modulatis vocibus hymnum divinae gloriae « Sanctus, sanctus, sanctus » ferventius una voce clamare non cessant. ³ Has siquidem triumphantis ecclesiae caelestes mentes, praeclaros duces et spectabiles principes, omnes subalterni reges, praelati siquidem et magnates, quos aula ambit ecclesiae militantis, in armonicae vocis laudibus saeculorum regi ovanter oblatis,

---

B 42r   L 32v   M 78r   P 51   R 51r   S 57r

Titulus: Epistola Marcheti de Padua (padua P) domino Roberto Iherusalem (Yerusalem P) et Siciliae Regi *BPR* Incipit epistola Marcheti etc. *m. rec. in marg. B, om. S*

1. ¹ Sicilia *pro* Siciliae P   et devotam *om. LM, accep. c. c.*   hinc *pro* hic L   agendum *pro* agendis P   dyademate *BMPR*   perhenni *BS*

² yerarchicos *BPRS* jerarchicos *LM*   miliciam *pro* militia *BP*   yerarchia *BMPRS*   sydereis *BMP* syderis *R*   coris *B*   tronum *S*   exultatur *pro* exultant *R*   dulcissime *pro* dulcisonae *BPR*   invariabillem *L, et infra* specificandum *pro* specifica, dum *BPRS*   ymnum *BMR* ynnum *S* ympnum *P*   Sanctus *bis BMRS*   ferventis *pro* ferventius *B*,   ferventes *S*

³ ambiit aula *L*   honoranter *pro* ovanter *PR, corr. m. rec. B,*   ornanter *S* oblati *pro* oblatis *S*

debent seriosius imitari, qui sceptro, palla, stola, diademate seu mitra sunt specialiter insigniti, ceteris aliis in regimine praeferuntur. ⁴ Inter cunctos siquidem gloriosos principes et duces illustres qui caelestis aulae principibus in ortodoxorum militantis templo conformari conati sunt, dulcisona ducta cantico melodia votivae laudis, homagium monarchae cunctorum principum exhibendo, felicis recordationis genitor vester, praedictorum regnorum Carolus, rex illustris, ut suae famae ubilibet tuba clangit, recolitur principalior extitisse. ⁵ Vos igitur in hoc serenos illos principes imitantes, gloriosissime principum, ex virtute, nec non ad idem genitoris sequentes vestigia ex natura, musicales sonos ad superni regis laudem et gloriam ministrorum caterva canentium, ut maiestatem decet regiam, circumsaepti, modulatis vocibus in sublime transmittitis exultantes, et interdum vero cordis affectu et vocis ministerio personatis.

⁶ Hinc est quod devota mentis intentione considerans quid per me dignum foret vestrae celsitudini offerendum, decrevi quoddam meae exilitatis indagine musicae artis opusculum condere, quod regium animum in campo praesentis militiae marte bellorum ancipiti laborantem interdum suae novitatis ordine delectaret, religiosi viri fratris Syphantis de Feraria, ordinis Praedicatorum, dirigente ducatu, quantum ad libri ordinem et philosophiae fulcimina rationum, autumnans praesens opusculum tanto fore decentius formalitate venustum quanto maiestatis vestrae conspecti-

---

scripto *pro* sceptro *B*   pala *pro* palla *BPR*, pila *M*, palam *S*   sola *pro* stola *BPR*,   stolla *L*   dyademate *BMPR*   ceteri *pro* ceteris *PRS*, ceterris *B*   alii *pro* aliis *S*

⁴ militanti *pro* militantis *S*   melodiis *pro* melodia *BPRS*   omagium *B*   exibendo *S*   praedictorum... clangit *om. M*   nobilibus *pro* ubilibet *PR*   tuba *om. S*

⁵ hos *pro* hoc *M*   genitorum *pro* genitoris *P, signo quodam breviationis ancipiti, ut saepius*   catherva *B*   maiestate *pro* maiestatem *S*   regimina *pro* regiam *BPR*, regimine *S*   circumspecti *pro* circumsaepti *M*   vero *om S*, vestro *L*   misterio *pro* ministerio *S*

⁶ quin *pro* quid *BPR*   capo *pro* campo *R*   marthe *B*, in arte *LS*   ancipitam *pro* ancipiti *PR*, anticipitam *B*, ancipitem *S*   laborantes *pro* laborante *P*   dellectaret *B*   venerabilis *pro* religiosi *BPRS*, *vide* 55,3   libi *pro* libri *B*   de *pro* et *S*   phylosophyae *M*, philosophici *BPR*, philosophantur *S*   fulconia *pro* fulcimina *L*   fore *m. rec. in marg.* *B*   decenti *pro* decentius *BPRS* formalitati venustam *BPR*

bus gratum erit. ⁷ Ex hoc siquidem musicis et cantoribus ostendetur quod pars haec musicae quae speciali serie temporis mensura deducitur, non absoluto voluntatis arbitrio, sed rationis ordine producta lucescat, et velut pars scientiae musicae subalterna principiis congruis, relativis mediis et finalibus conclusionibus ad seipsam essentiali quodam ordine referatur; ⁸ quatinus hinc pulsis erroribus, serenius cunctis veritas indagata pandatur. ⁹ Libellum quoque hunc decrevi POMERIUM nuncupari, eo quod florum et fructuum velut immensitatis cultu plantario emissiones poterunt invenire cantores.

⁷ musicus *pro* musicis P   huius *pro* haec BPR   serio *pro* serie BMPR   velud S
⁸ serenis *pro* serenius BPRS   veritatis BPR
⁹ fructuum et florum R

37

Prima Pars Primi Libri

DE ACCIDENTIBUS MUSICAE MENSURATAE

TRACTATUS PRIMUS

DE CAUDIS ET PROPRIETATIBUS

[1] Quoniam, dicente Philosopho in prooemio de Anima, accidentia multum conferunt ad cognoscendum quod quid est, id est, per cognitionem accidentium devenimus in cognitionem essentiae rei. [2] Cum igitur in praesenti opere nostrae intentionis sit cognitionem tradere per rationes essentiae musicae mensuratae, igitur primo de accidentibus sive de accidentalibus concurrentibus in musica mensurata principaliter est tractandum, deinde de essentialibus musicae praelibatae.

[3] Quantum ad primum, est sciendum quod omnia praeter notas, in quibus solum essentialis ratio consistit musicae, ut demonstrabitur Deo dante, sunt accidentia sive accidentalia concurrentia in ipsa musica men-

---

B 43r   L 32v   M 78v   P 52   R 52v   S 57v

Prima pars... mensuratae *ego, non habent cdd.*

Titulus Incipit Pomerium Marcheti de Padua (padua P) in arte (Arte PR) musicae (Musicae PR) BPR, *om.* LS   Incipit tractatus primus De caudis et proprietatibus. Rubrica M, *om.* S   Incipit *om.* BPR   Rubrica *om.* BLPR   Quando non faciunt in Musica (musica P) mensurata *add.* PR

2. [1] phylosopho B   in prooemio *om.* S, prooemio *om.* PR, libro *corr. m. rec.* B

[2] tradere cognitionem P   essentiae *corr. m. rec.* B   concurrentibus... essentialibus *om.* S   in musicae mensurarate concurrentibus PR   demum *pro* deinde M

[3] Quantum ad primum *corr. m. rec.* B est sci(-endum) *add. m. rec. in marg.* B   solis *pro* solum BPR   acidentia B, *ut saepius*

39

surata, rationibus infra dicendis. ⁴ Cuius modi sunt caudae, proprietates, pausae, puncta et quoddam signum quod a vulgo falsa musica nuncupatur.

⁵ Ut igitur via scientifica in praesenti opere procedamus, viam philosophicam imitantes, de huiusmodi accidentibus sive accidentalibus principalius est tractandum. ⁶ Et quia magis coniunctum accidens ipsi notae quam alia accidentia sunt caudae, tamquam ipsis notis unitae et incorporatae cum eis, ideo de caudis, accidentibus ipsis notis, primo quam de aliis accidentibus est tractandum. ⁷ In quarum tractatu hoc ordine procedemus:

⁸ primo enim refellentur errores dicentium quaedam erronea de ipsis caudis, immo penitus non dicenda; ⁹ et per consequens videbitur in musica mensurata quid negative non faciant ipsae caudae.

¹⁰ Deinde ponetur veritas et ipsarum caudarum conditio naturarum; ¹¹ et per consequens cognoscetur in musica mensurata quid positive faciant ipsae caudae.

---

introducendis *pro* infra dicendis S
    ⁴ caudae *corr. m. rec.* B, causae P   puncti L
    ⁵ in hoc opere praesenti BPR   procedamus in presenti opere L   imitentes *pro* imitantes R   principalius *corr. m. rec.* B
    ⁶ ipsius *pro* ipsis P   primo *pro* unitae BPRS   ideo *corr. m. rec.* B   accidetibus B   ipsis *corr. m. rec.* B
    ⁷ procedamus *pro* procedemus BPRS
    ⁸ repellentur *pro* refellentur BPR, repellentes S   nec *pro* non BPRS
    ⁹ quod *pro* quid P, quia *corr. m. rec.* B   faciunt *pro* faciant PR
    ¹⁰ Deinde... naturarum *om.* PRS, *add. m. rec. in marg. super.* B   conditionarum *pro* conditio naturarum B
    ¹¹ et per consequens... caudae *om.* PRS, *add. m. rec. in marg. super.* B

Capitulum Primum

DE CAUDIS ET PROPRIETATIBUS
QUID NON FACIANT IN MUSICA MENSURATA

¹ Quantum ad primum, est sciendum quod quaedam lineae reperiuntur in musica mensurata omnino a notis distinctae et separatae; et istae proprie pausae dicuntur, de quibus infra dicetur. ² Et quaedam ipsis notis coniunctae et protractae inferius a parte dextra vel sinistra, et hae proprie caudae dicuntur. ³ Cuius ratio est quia de ratione caudae est incipere a suo superiori principio et protrahi in deorsum infra ipsum.

⁴ Cum igitur ipsae lineae habeant ipsas notas pro principiis, et quantum ad situm, eo quod notae sint supra ipsas, et quantum ad significationem (nihil enim sine notis significarent nisi pausare et desistere a cantu); ⁵ ideo merito tales lineae sic protractae inferius, caudae debent suis propriis nominibus nominari. ⁶ In hoc igitur distinguuntur caudae a pausis quia caudae sunt lineae coniunctae notis, pausae vero

---

B 43v   L 33r   M 78v   P 53   R 53r   S 58r

Titulum om. S   Capitulum primum *om.* R, *in marg.* P   quando *pro* quid PR, quin B   faciunt *pro* faciant R   mensurata. Rubrica M

3. ¹ quantum autem L   quaedam *corr. m. rec. ex* quidam B   dicuntur pausae P

² haec *pro* hae MPRS

³ trahi *pro* protrahi PRS, pro *suprascr. m. rec.* B   in *om.* BPR

⁴ lineae ipsae *pro* ipsae lineae S, lineae et ipsae BPR   harum quae *pro* eo quod S   sunt *pro* sint PR   ad quantum *pro* et quantum P   ad significationem *corr. m. rec.* B   nichil enim sine notis *add. in corr. m. rec.* B, nihil enim *om. sed cum spatio vacuo* P

⁶ igitur *pro* ergo M   pausa *pro* pausae R

non. ⁷ Distinguuntur similiter ipsae caudae a proprietatibus, quia licet ipsae sint etiam proprietates, sicut et lineae adiunctae notis et protractae superius, tamen in hoc differunt, quia oportet quod caudae sint lineae protractae inferius, infra scilicet ipsas notas, ratione praedicta et infra rationibus ostendendis. ⁸ De caudis ergo ipsis tractando, ut videamus in mensurata musica quid non faciant negative, hoc ordine procedemus:

⁹ primo enim ponemus commune dictum aliorum;

¹⁰ secundo, adducemus opinionem quorundam antiquorum antiquam et reprobatam per usum cantandi;

¹¹ tertio, reprobabimus ipsam per rationes.

¹² Quantum ad primum, dicunt omnes quod cauda semper signum longitudinis est in notis, et hoc si protrahatur inferius a latere dextro notae quadratae simplicis seu ligatae, ut hic:

Ex. 1

¹³ Si autem protrahatur talis linea inferius a parte sinistra, oportet quod necessario nota cui adiungitur notae alteri alligetur, ut hic:

Ex. 2

et tunc brevitatem dicit. ¹⁴ Et hoc de primo.

---

⁷ sunt *pro* sint M scilicet *om.* BPRS et infra, et *om.* BPRS ostensis *pro* ostendendis BPRS

⁸ quando *pro* quid PR, *corr. m. rec.* B procedamus *pro* procedemus BPR

¹⁰ oppositionem *pro* opinionem BPR anticorum B et *om.* PRS. *m. rec. in marg.* B reprobata *pro* reprobatam LS

¹² dictum omnis cauda *pro* dicunt omnes quod cauda B simplices *pro* simplicis BRS *post* hic *add.* patet BPR

Ex 1: [music] L, 18-19 *bis scriptae* R [music] BP [music] *in textu sine lineis* S

¹³ a parte sinistra inferius R necessario quod notae S nota altera *pro* notae alteri S *post* hic *add.* patet BPR

Ex. 2: 11 *om.* R, [music] L [music] BP, *in textu sine lineis* S

¹⁴ haec *pro* hoc R

¹⁵ Quantum ad secundum, est sciendum quod quorundam opinio fuit quod si lineae quae pausae dicuntur adiunguntur notis a parte dextra, quantum protrahentur per lineas et spatia, tantum longitudinis temporis sive tot tempora addunt notis quibus adiunguntur, videlicet quod si notae quadratae quae quidem unum tempus habet addatur supradicta linea protracta per unum spatium, dictae notae addetur unum tempus, si duo, duo tempora, et sic deinceps, ut hic:

Ex. 3

¹⁶ Et rationem assignant: quia linea quae dicit pausam protracta per unum spatium de se unum tempus habet, et nota de se aliud tempus habet. ¹⁷ Addatur igitur talis linea tali notae, et tunc nota habebit duo tempora, et sic deinceps.

¹⁸ Quantum ad tertium, praedictum motivum cum sua ratione primo reprobamus per verba ipsorum. ¹⁹ Manifestum est enim quod protrahere tempus et pausare sunt opposita contradictorie. ²⁰ Probatio: pausare dicit non cantare seu non admittere vocem, sed protrahere tempus et tempora dicit cantare et admittere vocem. ²¹ Sicut igitur se habent cantare et non cantare, ita se habent protrahere tempus et pausare. ²² Sed cantare et non cantare sunt opposita contradictorie. ²³ Impossibile est enim quod aliquis simul possit cantare et non cantare. ²⁴ Im-

---

¹⁵ quod quorundam, quod *om. LM, suprascr.* B   si lineae, si *om.* S   diiunguntur *pro* adiunguntur P, adiungutur R   protrahentur *corr. m. rec.* B, protrahatur R, protrahetur S   quidem *om* S   habent *pro* habet BPRS   ratione *pro* dictae L   addit *pro* addetur M   etc. *pro* et sic deinceps M

Ex. 3: 9-10 *om.* M   [music] L   [music] BP, *in textu sine lineis nullo divisionis signo* S

¹⁶ pausa *pro* pausam S
¹⁷ ergo *pro* igitur BPRS   et tunc, et *om.* LM
¹⁸ Quantum autem L   ad *corr. m. rec.* B   reprobamus, pro *m. rec. in marg.* B   reprobabimus L   ipsorum *corr. m. rec.* B
¹⁹ protrahere *pro* pausare P, pretrahere R
²⁰ Probatio *corr. m. rec.* B   et admitere S
²¹ ergo *pro* igitur S   tempus protrahere L
²³ et non cantare *om* S
²⁴ Impossibile... pausare *om.* S, simul *om.* L

possibile est ergo quod aliquis simul possit pausare et protrahere tempus, cum sint opposita.

²⁵ Hoc ostenso sic procedimus: lineae protensae per diversia spatia, secundum omne dictum, dicunt diversa tempora in pausando, ut infra patebit. ²⁶ Sed secundum eos, istae lineae additae notis secundum earum protractionem per diversa spatia, faciunt notam longitudinis diversorum temporum in cantando. ²⁷ Ergo sequitur, secundum eorum rationem, quod illud quod facit pausare et desistere a cantu secundum essentiam suam, additum notae faciat cantare, quod est oppositum essentiae suae. ²⁸ Sed hoc est impossibile secundum omnem doctrinam, scilicet quod res possit ducere effectum essentiae suae oppositum. ²⁹ Impossibile est igitur, secundum rationem eorum, quod aliqua linea addita notae possit addere aliquod tempus cantandi supra ipsam, quantumcunque per spatia protrahatur. ³⁰ Sed potius producet diversa tempora pausandi, si sua ratio in aliquo teneret; sed expresse implicat contradictionem, ut dictum est.

INSTANTIA

³¹ Sed ipsi possent dicere: Frater, tu prius distinxisti caudas a pausis; sed nos dicimus quod pausae non adduntur notis — quia sic tua ratio valeret — sed aliae lineae quae vocantur caudae quae producunt in ipsis notis effectum superius dictum.

SOLUTIO

³² Tunc sic arguimus: Impossibile est quod propria proprietas alicuius conveniat alteri quam sibi soli, sicut impossibile est quod risibile conveniat

---

25   procederimus *pro* procedimus *R,* procedemus *L*   diversas *pro* diversa *B*   commune *pro* omne *S*
26   Sed *corr. m. rec. B*
27   oppositum essentiae suae *BPRS,* contrarium (vel oppositum *add. in marg.*) essentiae suae *S*   transp. et *L*
29   est *om. PR, suprascr. m. rec. S*   posset *pro* possit *P*   aliquid *pro* aliquod *P*   protrahantur per spatia *BPR, reic. c. c.*
30   ducet *pro* producet *L*   teneret in aliquo *P*   ostensum *pro* dictum *BPRS*
31   Instantia ad praedicta *m. rec. in marg. B*   Sed *in corr. B*   non *pro* nos *R*   adduntur *corr. m. rec. B,* addunt *PR*
32   Solutio *om. M*   in posibile *pro* impossibile *B, ut saepius infra*   propria *om. S*   risibile *corr. m. rec. B*

alteri quam homini. ³³ Sed propria proprietas pausarum est quod deducantur per diversa spatia, et tunc producant diversa tempora. ³⁴ Si igitur, secundum eos, linea addita notae producta per diversa spatia producit diversa tempora, sequetur quod talis linea habeat propriam proprietatem pausarum. ³⁵ Sed impossibile est quod propria proprietas alicuius conveniat alteri quam sibi soli, ut dictum est. ³⁶ Ideo talis linea addita notae, aut non habebit talem proprietatem, quod est contra eorum motivum, aut ipsa erit idem quod pausa; et tunc sequetur inconveniens superius demonstratum.

INSTANTIA

³⁷ Sed adhuc ipsi possent arguere: Propria proprietas pausarum est quod deductae lineae per diversa spatia deducant diversitatem temporum in pausando. ³⁸ Sed caudae quas adiungimus notis dicimus quod, deductae per diversa spatia, deducunt diversitatem temporum in cantando, et sic proprietatem pausarum non attribuimus ipsis caudis, sicut tu dicebas.

RESPONSIO

³⁹ Tunc iterum sic arguimus: Caudae quae sunt coniunctae notis sunt quaedam lineae, et hoc ad sensum patet. ⁴⁰ Deducere ergo ipsas per diversa spatia ad hoc ut diversitatem temporum inducant, aut hoc convenit eis in quantum solae lineae quae sunt distinctae a notis, aut

---

33 et... tempora *om.* PR
34 Sic *pro* si L   producet *pro* producit P, producat LS   sequitur *pro* sequetur BPR   linea habeat *corr. m. rec.* B, 1. habet PRS
35 alicuius *om.* P
36 Igitur *pro* ideo M   est *pro* erit P, est *punct. corr. in marg.* B   sequitur *pro* sequetur PS
37 Instantia *om.* LMS, *add. in mag.* R
38 deducta *pro* deductae R   canendo *pro* cantando B   pausarum *om.* S   atribuimus S, *ut saepe*
39 Responsio *om.* MR   haec *pro* hoc R   ad *om.* S
40 ipsa *pro* ipsas S   spatia *om.* P   aut hoc, hoc *om.* BPRS   quae *om.* M   distincta *pro* distinctae PR

in quantum coniunctae notis sunt. ⁴¹ Si primo modo, scilicet quod hoc conveniat eis in quantum solae lineae sunt distinctae a notis, tunc sequetur quod sint pausae. ⁴² Nulla enim linea distincta a nota aliquid operatur in musica nisi sola pausa. ⁴³ Si autem hoc conveniat eis in quantum tales lineae sunt coniunctae notis, tunc sic arguimus: si aliquis effectus debet procedere a duobus simul, oportet quod sapiat naturas eorum a quibus procedit, alias non esset effectus eorum. ⁴⁴ Oportet enim quod effectus assimiletur suae causae, sicut palliditas causatur ex nigredine et albedine simul, et ideo sapit naturam utriusque. ⁴⁵ Si ergo ex coniunctione talis lineae cum aliqua nota causatur diversitas temporis in diverso modo protrahendi ipsam, oportebit quod causa talis protractionis et talis diversitatis temporum sit vel in natura ipsius lineae, vel in natura ipsius notae. ⁴⁶ Sed hoc non est in natura ipsius notae, quia sine linea unum tempus habet, nec hoc erit in natura ipsius lineae consideratae sine nota, quia talis linea pausa est. ⁴⁷ Ergo ex coniunctione amborum simul, scilicet lineae cum nota, talis effectus non potest sequi, cum sit praeter naturam suarum causarum.

DILATATIO QUAEDAM

⁴⁸ Sed tunc ipsi possent dicere: Quomodo ergo cauda addita notae facit ipsam longam?

---

notis sint *BPR*
⁴¹ modo primo *BPR*, modo proprio *S*　　sint *pro* sunt *PR*　　sequitur *pro* sequetur *PRS*
⁴³ hoc *om PRS, m. rec. in marg. B*　　aliter sunt *pro* sunt *S*　　a duobus *corr. m. rec. B*　　naturam *pro* naturas *BLPRS*
⁴⁴ creatur *pro* causatur *S* nigraditione *pro* nigredine *BPR*, albedine et nigredine *L*　　similis *pro* simul *BPR*
⁴⁵ Si *in corr. B*　　quovis *fort. pro* coniunctione *P*　　linea *L*　　cantatur *pro* causatur *BRS*, aliter cantatur *m. rec. add. in marg. B*　　quod *in corr. B*, quia *PRS*　　talis causa *L*　　diversitas *L*　　sit aut *pro* sit vel *PRS*　　notae aut *pro* lineae vel *BPRS*　　ipsius lineae *pro* ipsius notae *BPRS*
⁴⁶ non *supra scr. R*　　natura ipsius, ipsius *corr. B*　　post ipsius *R habet* lineae (*del.*) notae aut in natura ipsius lineae considerato *etc.*　　considerata *pro* consideratae *P*　　si in *pro* sine *R*
⁴⁷ similis *pro* simul *P*　　scilicet *om. P*　　linea *pro* lineae *L*
⁴⁸ Dilatatio quaedam *om. MR*, dubitatio quaedam *S*　　Hos titulos hic pon. ex. gratia, om. infra

⁴⁹ Dicimus quod non mutat substantiam notae, sed solum est quaedam proprietas innuens essentiam ipsius notae, quae etiam cauda dicitur propter rationem superius demonstratam.

⁵⁰ Demonstrato contra motivum et rationem praedictorum, tunc deducimus eos ad alia inconvenientia in arte musicae mensuratae. ⁵¹ Et primum tale est: ipsi dicunt quod talis linea protracta a latere dextro supradictam diversitatem temporum inducit in prolongando ipsam notam cui additur. ⁵² Sed certum est quod cauda addita notae a latere sinistro brevitatem, secundum eos et omnes, inducit. ⁵³ Protracta ergo tali cauda a latere sinistro per quot spatia, protrahetur per tot tempora, abbreviabitur nota, quasi propositum de proposito et oppositum de opposito. ⁵⁴ Nam si albedo est color disgregativus visus, oppositum eius, scilicet nigredo, oportet quod sit color congregativus visus. ⁵⁵ Sed dextrum et sinistrum sunt opposita. ⁵⁶ Si ergo cauda praedicta posita a latere dextro notae prolongabit ipsam per diversa tempora, apposita eidem a latere sinistro abbreviabit ipsam per diversa tempora. ⁵⁷ Sed hoc est impossibile, quia tunc sequeretur quod si protraheremus caudam per tria spatia, nota perderet tria tempora, et tunc esset nota sine tempore; quae non posset cantari. ⁵⁸ Ad destructionem ergo consequentis, cum hoc sit impossibile quod sequitur, et suum antecendens erit impossibile, scilicet quod aliqua cauda protracta in dextro latere per diversa spatia, diversitatem temporum inducat.

---

⁴⁹ substantiam... ipsius *om.* S   substantiam *in corr.* B   notam quae *pro* notae quae S   per *pro* propter S   demostratam BM
⁵⁰ *post* contra S *habet* substantiam notae... ipsius, *quae verba om.* n° 49   aliam *pro* alia PRS, alliam B   inconvenientiam PRS
⁵¹ supra *pro* supradictam BPR   cum *pro* cui M
⁵² dextro sinistro *pro* sinistro P
⁵³ igitur *pro* ergo BPRS   talis cauda *pro* tali cauda BPR, talis nota S   quot *in corr.* B, quod R   protraham ipsam *pro* protrahetur per BPRS, per *om.* L   abreviabitur S   quia sicut *pro* quasi PR, quia si BL, quia sic S
⁵⁴ sit color, color *om.* BPRS
⁵⁶ opposita *pro* apposita BPRS   abreviabit BS
⁵⁷ tempora *om.* L   quod *pro* quae PR
⁵⁸ imposibile B, *ut infra*   indicat *pro* inducat B

⁵⁹ Item aliud inconveniens sequitur: quia interdum aliqua nota descendit infra omnes lineas et spatia, et tunc impossibile erit in ipsa protrahere diversa tempora, quia cauda non poterit protrahi per diversa spatia.   ⁶⁰ Iterum etiam talis cauda multipliciter infra omnes lineas et spatia in aliqua litterarum existentium in aliquo cantu includetur, vel ab ipsa littera protrahi impedietur, et sic erit impossibile musico protractionem cognoscere talis caudae.

CAPITULUM SECUNDUM

4 DE CAUDIS ET PROPRIETATIBUS QUID FACIANT
IN MUSICA MENSURATA

¹ Ostenso de caudis notarum et proprietatibus quid non faciant negative, per viam scientiae procedere volentes, videndum est de ipsis et de aliis proprietatibus adiunctis notis quid in mensura cantus faciant positive, et hoc rationabiliter est tractandum de ipsis et de aliis proprietatibus adiunctis notis simul;   ² nam caudae super alias proprietates addunt solum rationem producibilitatis infra ipsas notas, et non supra, sicut aliae proprietates, sed, ut dictum est, ipsae etiam proprietates dicuntur.

---

⁵⁹ erit impossibile *BPRS*
⁶⁰ multiplicatur *pro* multipliciter *BR*   includeretur *pro* includetur *S*   impediretur *pro* impedietur *BPRS*   et sic, et *om. P*

B 46r   L 34r   M 80r   P 55   R 56r   S 60r
Capitulum secundum *om. RS*   secundum *om. B*   titulum *om. S, praepos. P*   faciunt *pro* faciant *BPR*   mensurata. Rubrica *BM*   Quid caudae et proprietates fatiant in musica mensurata *L*
4. ¹ caudibus *pro* caudis *BP*   quin *pro* quid *BR*   faciunt *pro* faciant *PR*   necesaria *pro* negative *P*   quid de ipsis *pro* de ipsis *S*   et de aliis, et *suprascr. B*   quin in mensura *pro* quid i. m. *BPR*   musica *pro* mensura *L*   cantus faciunt *pro* c. faciant *PR*   posicione *pro* positive *PR, B corr. m. rec.*   et hoc *in corr. B*
² infra *m. rec. in marg. B*

³ Dicamus ergo de ipsis proprietatibus omnibus adiunctis notis, circa quod sciendum est quod magister Franco et ceteri doctores musicae mensuratae sic diversificant ipsas proprietates: dicunt enim quod proprietas addita notae ex parte dextra innuit notam longam — sive sit simplex, sive sit ligata — sed semper inferius protracta, ut hic:

Ex. 4

⁴ A parte vero sinistra inferius innuit notam brevem et hoc intelligere debemus in qualibet ligatura descendenti, ut hic:

Ex. 5

⁵ Et hae duae proprietates dicuntur caudae, eo quod infra sua principia protrahantur, ut superius dictum est.

⁶ Proprietas vero addita notae et protracta superius a parte sinistra innuit notam semibrevem, ut hic:

Ex. 6

⁷ Protracta vero superius a parte dextra ultimae notae ligaturae ascendentis vel descendentis innuit prolationem notae per modum plicae, ut hic:

---

³ circa *corr. m. rec.* B   Frangonus *pro* Franco B, Francus M, F. S, Franconem PR, Franco *ego semper*   addita proprietas BPR   sit ligata, sit *in marg.* B, *om.* L

Ex. 4: [music] L [music] BP (7 *sine cauda* B), *in textu sine lin.* RS

⁴ inferius *om.* S

Ex. 5: [music] L [music] BP, *in textu sine lineis* R, [music] *in textu sine lineis* S

⁵ hae *om.* S   protrahuntur *pro* protrahantur BPRS   superius *om.* BPRS
⁶ voce *pro* notae R   ut hic patet BR

Ex. 6: [music] L [music] P, B *exempl.* 6 *et* 7 *commutavit,* R *in textu sine lineis* [music] , *in textu sine lineis* S

⁷ totum numerum *om.* PR   proprietas vero protracta L   ultimae *om.* S   discendentis B   descendentis vel ascendentis L   ut hic patet B

Ex. 7

⁸ Sed licet isti doctores talia dixerint, tamen non invenitur eos probasse in libris aliquibus dicta sua; nulli tamen dubium esse debet quin tanti et tales doctores rationabiliter processerunt, in scriptis tamen ponere non curarunt. ⁹ Nos enim iuxta nostrum modulum sic demonstramus omnia supradicta, et assumimus nobis duo principia:

¹⁰ primum est quod diversitas notarum oportuit esse per diversas lineas et spatia, ad hoc ut cantus alte et submisse a cantoribus cantaretur. ¹¹ Si enim omnes notae essent in una linea vel in uno spatio, non consurgeret ex talium prolatione notarum cantare sed potius ululare. ¹² Et ex hoc principio sic procedimus: sicut fuit necesse situare notas per diversas lineas et spatia, ut ex eis consurgeret cantare in cantu plano, sic fuit necesse addere quaedam signa seu quasdam proprietates ipsis notis propter ipsum mensurare in cantu mensurato. ¹³ Sic ergo patet quod necesse est addere proprietates ipsis notis, ad hoc ut in cantu valeant mensurari. ¹⁴ Sed quare oportuit eos sic adiungere notis, ut dictum est, sic demonstramus. ¹⁵ Et tunc assumimus secundum principium:

¹⁶ ars imitatur naturam in quantum potest (per Phylosophum, secundo Physicorum). ¹⁷ Probatio per exemplum: nam qui depingit lilium vel equum, nititur ipsa depingere in quantum potest ad similitu-

---

Ex. 7: om. PR, [music] *L* [music] *B, in textu* [music] *sine lin. S*

⁸ dixerint *corr. m. rec.* B, dixerunt *PR*   dicta sua probasse *L*   esse debet *om. PR*   quod *pro* quin *MS,*   B *corr. m. rec.*   et tales doctores *om. M*   in scriptis... curarunt *om. PR*

⁹ assignamus *pro* assumimus *R*

¹¹ vel *add. m. rec. in marg.* B   ullulare *B*

¹² quonddam *pro* quaedam *P*   sive *pro* seu *R*   quasdam *in corr.* B   mensurate *pro* mensurare *S*

¹³ proprietatem *pro* proprietates *M*   ad hoc... mensurari *om.* S   valeat *pro* valeant *P*

¹⁴ Sed quare... notis *om.* S   eas *pro* eos *BLPR*   aiungere *pro* adiungere *B*

¹⁶ per... Physicorum *om. BPRS*

¹⁷ nam *corr. m. rec.* B   cervum vel lilium *pro* lilium vel equum *L*

dinem equi seu lilii naturalis. [18] Cum igitur ipsae notae scriptae ad artem musicae pertineant, licet ipsa musica de se sit accepta scientia, oportuit ergo quod proprietates additae notis ipsis, scriptis propter necessitatem modi tradendi, adderentur eisdem secundum perfectiones repertas ab ipso homine, qui instituit talem artem. [19] In homine autem primo et principaliter invenitur dextrum et sinistrum. [20] Probatio: quia nec in columna nec in aliqua re non viventi dicitur esse latus dextrum et sinistrum nisi per respectum ad hominem. [21] Una enim et eadem columna dicitur esse dextra, si ex dextro latere hominis est, et sinistra, si ex sinistro. [22] Ipsae ergo proprietates additae notis scriptis adduntur eisdem merito per dextrum et sinistrum, et hoc per respectum ad hominem. [23] Sed in homine ita est quod dextrum latus est perfectius quam sinistrum: [24] nam illud latus quod continet in se illud unde totum corpus nutritur et perficitur est perfectius quam illud latus quod hoc non continet. [25] Sed dextrum latus in homine continet illud quod totum corpus nutrit et perficit, scilicet sanguinem; nam epax est condiens sanguinem, et est in latere dextro. [26] Ergo perfectius est latus dextrum in homine quam sinistrum. [27] Et haec est ratio quare Christus in cruce voluit percuti in latere dextro, scilicet ut totum sanguinem suum funderet pro genere humano. [28] Et hoc dicimus

cervi *pro* equi L   vel *pro* seu R
[18] adderetur *pro* adderentur BR, addentur S   in *pro* ab PS   qui ipsam artem instituit *pro* qui instituit talem artem BPRS
[19] homine autem *in corr.* B
[20] collumpna BLS, *ut infra*   vivente *pro* viventi B
[21] dicitur esse *m. rec. in marg.* B, *om.* PRS   *post* dextra *habet* est S   in *pro* ex P   latere dextro BPR   est ex sinistro *pro* ex sinistro PR, *post* ex sinistro *add. in marg.* est *m. rec.* B
[22] Item *praemittit* L   dextrum et sinistrum *in corr.* B
[23] latus dextrum R   sinistro *pro* quam sinistrum S
[24] ipse *pro* in se BPRS   id unum *pro* illud unde S   munitur *pro* nutritur S   id latus *pro* illud latus S
[25] id quod *pro* illud quod S   scilicet sanguinem *om.* S   epar *pro* epax B   continens *pro* condiens BPS
[26] in latus *pro* latus P
[27] Et *m. rec. in marg.* B, *om.* PRS   hoc *pro* haec M   quare *in corr.* B, qua S   ✢ *pro* cruce B   venit *pro* voluit P   voluit in cruce L   scilicet *m. rec. in marg.* B, *om.* PRS

secundum medicos; secundum autem phylosophos dicimus quod cor, quod est principium generationis sanguinis principiumque omnis motus, est in latere sinistro; et tamen latus sinistrum est imperfectius et impotentius dextro. [29] Cuius ratio est quia cuspis cordis versus sinistrum tendit; os autem ipsius cordis versus dextrum in ipsum primitus emittens calorem et nutrimentum. [30] Et hoc apparet ex dispositione membrorum dextrorum, quae quidem sunt potentiora et magis operabilia sinistris, tamquam pars movens; sinistra vero impotentiora et minus operabilia, tamquam pars mota.

[31] Hiis habitis formamus talem rationem: latus dextrum est perfectius quam sinistrum, ut probatum est. [32] Sed proprietas addita notae additur sibi per dextrum et sinistrum, ut patet ad sensum. [33] Ergo proprietas addita notae ex parte dextra perficiet ipsam, ex parte vero sinistra imperficiet ipsam. [34] Perficere autem notam est ipsam prolongare, imperficere vero est ipsam abbreviare. [35] Bene ergo dixerunt praedicti doctores, scilicet quod proprietas addita notae ex latere dextro inferius ipsam perficit (superius vero a latere dextro in modo proferendi); a parte vero sinistra inferius imperficit ipsam, faciendo eam brevem, in superius vero, semibrevem.

[36] In superius vero tracta proprietas semper imperficit notam, cuius ratio est quia in nota est tota substantia cantus; nam proprietas sine nota non facit cantare, sed bene nota sine proprietate. [37] Sicut in homine tota substantia nutrimenti est epax, in quo est sanguis, et sicut non est

---

28   physicos *L*   cor quod, quod *om. BPRS*   sanguis *pro* sanguinis *B*   quia *pro* principiumque *S*   latus *om. BS*   et impotentius *in corr. B*

29   nutrientum *pro* nutrimentum *M*

30   sinistrorum *pro* sinistris *R, B in corr.*   *post* impotentiora *add. in marg.* sunt *m. rec. B*   et minus operabilia *om. BPRS*

31   talem formamus *L*

32   Sed *in corr. B*   votae *pro* notae *R*   additur... ad sensum *om. S*

33   Ergo... notae *om. S*   votae *pro* notae *R*   perficit *pro* perficiet *BPS, et infra*

34   abreviare *S*

35   scilicet *om. PR*   votae *pro* notae *R*   ipsam brevem *pro* eam brevem *M*

36   protracta *pro* tracta *BPR*   *post* ratio *habet* haec *S*

37   homines *pro* homine *P*   nutrienti *pro* nutrimenti *M*   epar *pro*

proprium epatis trahi in sursum sed in deorsum, sic non est proprium notae trahi in sursum sed in deorsum; nam perfectio notae assimilatur perfectioni hominis qui ipsam notam instituit. [38] Trahere autem aliquid praeter suam proprietatem est ipsum imperficere. [39] Trahere ergo notam per caudam in sursum est imperficere ipsam, cum sit praeter naturam ipsius notae, ut ostensum est. [40] Sed proprietas quae est in latere sinistro in sursum plus imperficit notam quam illa quae ponitur in latere dextro in sursum; nam ipsa duas imperfectiones ostendit in ipsa nota: una est quia est in latere sinistro, alia est quia est in sursum. [41] Non solum ergo facit ipsam brevem, sicut facit proprietas quae est in latere sinistro in deorsum, sed facit ipsam etiam semibrevem, quia imperfectionem quae est in sursum addit supra ipsam.

[42] Proprietas vero quae est in latere dextro in sursum solum innuit unam imperfectionem, et continuatur cum perfectione quae est in dextro in deorsum. [43] Et ideo solum aliqualem imperfectionem dat notae, scilicet ut diminutae et per modum plicae ipsam proferamus. [44] De quibus plicis, tam longis quam brevibus, quam etiam semibrevibus, tam simplicibus quam etiam ligatis, infra in earum capitulo ostendetur.

EXPLICIT TRACTATUS PRIMUS

---

epax *B*   non est sanguis *pro* est sanguis *R*   sicut, ergo *pro* et sicut *BPRS*
epati *pro* epatis *R*   sed *in corr. B*   sic non est... in deorsum *om. M*   proprium nota *pro* p. notae *B*   perfectio nota *B*   perfectioni, -ni *add. in marg. B*   notam *om. BPRS*
[38] sui *pro* suam *BR*   improprietatem *pro* proprietatem *P*
[39] autem *pro* ergo *R*
[40] Sed *in corr. B*   dextro sinistro *pro* sinistro *R*   inspicit *pro* imperficit *BPRS*   dextro in sursum, in sursum *om. BPRS*   imperfectiones *cor. m. rec. B*   alia est... sursum *om. S,*   est *om. R*   quia est *pro* quae est *M, om. P*
[41] Non solum... sinistro *om. S*   solum *om. PR, add. post* ergo *in marg. m. rec. B*   brevem solum *L*   imperfectione *pro* imperfectionem *R*   additur *L*
[42] perfectionem *pro* imperfectionem *PS*   et in deorsum *BPRS*
[43] Et *om. PRS, corr. m. rec. B*   aliqualem *bis P*
[44] brevibus et quam etiam *BPR*   etiam ligatis, etiam *om. BPR,* et ligatis *L*   infra *corr. in marg. B*   in *om. BPR*
Explicit tractatus primus *M, om. BLPRS*

TRACTATUS SECUNDUS
DE PAUSIS

[1] Sequitur videre de pausis immediate post caudas et proprietates, et hoc rationabiliter; nam opposita iuxta se posita magis elucescunt, sicut albedo iuxta nigredinem. [2] Sed ita est quod per caudas et proprietates instruimur quomodo circa ipsas notas nos agere debeamus in cantando, per pausas vero de notis instruimur quomodo nos habere debeamus circa ipsas in pausando. [3] Cum ergo cantare et pausare sint opposita, ideo merito post caudas et proprietates instruentes cantare, tractandum est de pausis instruentibus nos pausare. [4] De quibus tractando hoc ordine procedemus:

[5] primo enim dicemus quid sint pausae scriptae in cantu;

[6] secundo, quomodo scribi debeant et signari secundum antiquos;

[7] tertio, confirmando dicta antiquorum ostendemus, addendo super ipsis, quomodo in cantu scribi et signari debeant modernorum.

B 47v   L 35r   M 81v   P 58   R 58v   S 61r

Titulum om. S   Incipit tractatus *etc.* M   De pausis. Rubrica M

5. [1] de pausis videre *M*

[2] Sed ita est *in corr.* B   proprietates et caudas *BPRS*   proprietas *pro* proprietates *S*   nos *om.* L

[3] potest *pro* post B   pausas *pro* caudas P   instruentes *pro* instruentibus *S*

[4] ipsis *pro* quibus *S*

[5] fuit *pro* sint P

[6] secundo quomodo scribi *in corr.* B   et signari debeant *BPRS*, assignari *L*   anticos B, *et infra*

[7] ipsos *pro* ipsis *S*   assignari *L*

Capitulum Primum

QUID SINT PAUSAE SCRIPTAE IN CANTU

¹ Quoad primum, dicimus quod pausa nihil aliud est nisi desistentia vocis vel soni, certo tempore vel certa parte temporis, a cantando. ² Et haec est diffinitio pausae non scriptae; nam pausa scripta non pausat nec cantat, sed innuit modum quo pausare debeamus. ³ Talis autem pausae scriptae talis est diffinitio: Pausa scripta est quaedam linea per partem spatii vel spatia protracta, nulli notae aliqualiter addita vel coniuncta, sed a notis totaliter separata, innuens nos per tempus vel tempora, vel per partem temporis a cantu desistere et pausare. ⁴ Et tales pausae necessariae sunt in cantu; nam sicut diversa protractio vocis vel soni alta vel ima facit consonantiam in cantu, sic diversus modus pausandi facit meliorem in cantu consonantiam reperire. ⁵ Et hae pausae scriptae in duobus differunt a caudis et proprietatibus per diffinitionem datam: unum est quia non sunt notis adiunctae, sicut proprietates et caudae; ⁶ aliud est quod sequuntur de sui natura spatia et

---

B 48r L 35r M 81v P 58 R 59r S 61r

Capitulum primum *om. RS, in marg.* P Quid sint *etc. om.* S quin *pro* Quid B pausae sint *pro* sint pausae scriptae PR, pausae scriptae sunt B in cantu. Rubrica M

6. ¹ pausae *pro* pausa B resistentia *pro* desistentia LM

² est *suprascr.* B difinito B, *et infra* quo pausare debeamus *om.* S *post* quo *add.* modo BPR debeamus *in marg* B L debemus PR

³ Talis autem *om.* S, *habet* pausandi Tale *pro* Talis B linea quaedam L spatia per partem spacii L simul coniuncta *pro* vel c. BR a notis *in corr.* B separrata B nobis *pro* nos L vel tempora *om.* BPRS per partem, per *om.* L

⁴ necesse *pro* necessariae BR altam vel imam *pro* alta vel ima S yma B reperite *pro* reperire B

⁵ haec *pro* hae MPR differunt in duobus PR, diferent i. d. B proprietas *pro* proprietates PS

⁶ Alliud B est quia *pro* est quod S sequitur *pro* sequuntur P,

partes spatiorum, faciendo plus vel minus pausare, ut infra et statim patebit, quod non habent caudae nec proprietates, ut est superius in earum tractatibus demonstratum.

⁷ Et haec de primo.

Capitulum Secundum

⁷ QUOMODO SCRIBI ET SIGNARI DEBEANT PAUSAE SECUNDUM ANTIQUOS

¹ Quantum ad secundum, dicimus cum antiquis quod pausa protracta per unum spatium innuit pausare per unum tempus; per duo, duo, et per tria, tria; de quibus exempla sunt haec:

Ex. 8

ita quod tempus mensurans et pausas et notas debeat sumi eiusdem naturae musicae, prout diffinietur inferius Deo dante. ² Si autem sit aliqua pausa protracta per omnia spatia, excedendo tria spatia vel lineas

---

sequntur *R*, secuntur *B*   patebit et statim *BPRS*   caudas *pro* caudae *R*   superius est *BPR*   in *om.* S   eorum *pro* earum *MS*
⁷ Et haec (hoc *BL*) de primo *om. PR*

B 48r   L 35r   M 82r   P 58   R 59v   S 61v
Capitulum secundum *om. RS, in marg.* P,   secundum *om.* B   Quomodo... antiquos *om.* S   significari *pro* signari *BPR*   pausae *om. BM*
7. ¹ et per, et *om. PRS*   protracta per duo spatia innuit pausari duo *L etc.* ex causa *pro* exempla *P*, exchausa *B*   hic *pro* haec *S*

Ex. 8:   L   M   B *in textu*   P, *om. R*
pausans *pro* pausas *R*   debeant *pro* debeat *PR*, non debeat *corr.* B   sine *pro* sumi *R*, summi *LS* eisdem *pro* eiusdem *BPR*   diffinientur *pro* diffinietur *R*
² excedendo tria spatia *om. PRS*   excedendo... Francone *add. m. rec.* B

trium spatiorum, dicimus quod talis pausa non est mensurabilis in cantu, sed vocatur, et bene, a magistro Francone finis punctorum.   ³ Nulla autem pausa potest excedere tria spatia vel lineas ipsorum spatiorum, quia tunc diceret plus quam tria tempora in pausando, et sic non esset proportio inter ipsam et maiorem ac perfectiorem notam musicae mensuratae, quae ad plus dicit tria tempora in cantando; et tunc esset improportio in cantando et in pausando, quod est inconveniens.

⁴ Iterum est sciendum quod quaelibet pausa potest interdum protrahi per totum unum spatium, et tunc dicimus omissionem unius temporis.   ⁵ Et quia ipsum tempus primaria divisione dividitur in tres, prout inferius ostendetur, ideo oportet quod pausa proportionetur eidem, et in tres partes spatii dividatur, ita quod protracta pausa per tertiam partem spatii dicat omissionem unius partis temporis; per duas vero, duarum, et per tres, trium partium temporis, quae sunt totum ipsum, dicat omissionem.   ⁶ Et quia antiqui non curaverunt tradere ulterius divisionem temporis nisi in tres semibreves, ideo non oportuit quod ipsas pausas dividerent, nisi in tres partes spatii.   ⁷ Quare autem non tranctaverunt nec scripserunt?   ⁸ Ut eis in omnibus deferamus, sicut decet deferre doctoribus, dicendum est quod hoc facere non curaverunt ex grossitudine audientium et non ex ignorantia instruentium musicam praelibatam.

---

quatuor *pro* trium *PR,* in quatuor *S*   spatiis *pro* spatiorum *S*   Francone *om. S*
    ³ spatia *om. P, m. rec. in marg. B*   est *pro* esset *R*   ipsas *pro* ipsam *S*   perfictiorem *B*   solum *om. PRS, add. in marg. B*   esset *add. in marg. B*   proportio *pro* improportio *BPRS*   in pausando et in cantando *M*   alterum in *om. S*
    ⁴ obmissionem *BS, et infra*
    ⁵ *post* per tres *add.* quae sunt totum *MS*   trium partium... totum *om. PR, transp. L*   ipsum *om. S, add.* unius temporis
    ⁶ ulterius tradere *L*   divisio non *pro* divisionem *R*   per tres semibreves *pro* in t. s. *S*
    ⁷ curaverunt *pro* tractaverunt *PR*   et non *pro* nec *S*
    ⁸ differamus *pro* deferamus *BS*   defferre *pro* deferre *B*   curarunt *pro* curaverunt *M*   crossitudine *B*   praelibata *pro* praelibatam *P*

Capitulum Tertium

8 QUOMODO CONFIRMANDO DICTA ANTIQUORUM
SCRIBI ET SIGNARI
DEBEANT IN CANTU MODERNORUM

[1] Quantum ad tertium, moderni autem ipsas tres partes temporis in ultimiores partes diviserunt, formando sex, novem et duodecim semibreves, vel quot formari possent ex talium partium temporis divisione. [2] Videndum est ergo quae pausae et quomodo scriptae correspondeant talibus divisionibus partium temporis iam repertis. [3] Dicimus quod, quia in tertiam partem spatii non posset de facili et expedite mensurari, sicut decet et oportet in cantu, qui debet esse expeditus quasi sine deliberatione, testante Philosopho, qui dicit quod bonus cytharoedus non deliberat, ideoque non sine aliqua mora inconvenienti in cantu non possemus, ut dictum est, tertiam partem spatii in ultimiores partes dividere; ac etiam erit impossibile hoc oculo intueri, cum quilibet sensus corporis, et visus maxime, possit falli.

B 48v   L 35v   M 82r   P 60   R 60r   S 62r

Capitulum tertium *om. RS*, tertium *m. rec.* B   Quomodo... modernorum *om.* S   confirmatio *pro* confirmando B   et dicta *BR*   modernorum. Rubrica *M*   assegnari *L*

8. [1] ultimores *pro* ultimiores *R*   quod *pro* quot *R*   divisione temporis *BPRS, reiec. c. c.*

[2] divisionibus talibus *S*

[3] infra tercia *corr. m. rec.* B   in *pro* infra *PRS*   tercia parte *pro* tertiam partem *S*   spatii *om. L*   possent *pro* posset *BPRS*   et expedite, et *om. PRS, suprascr.* B   qui non debet *pro* qui debet *PR*, non qui debet *S*   in cantu *in corr.* B   esse *corr. m. rec.* B, extra *PRS*   expeditur *pro* expeditus *S*   expeditione seu deliberatione *pro* deliberatione *R*   citaredus *S*   ideoque *pro* ideo quia *S*   in cantu inconvenienti *R*   posset *pro* possemus *PRS*   ultimiores B *in corr.*, ulteriores *PR*   esset *pro* erit *BPRM*   tamen *pro* cum *PR*   posset *pro* possit *S*

⁴ Namque posset oculus falli in sumendo talium partium debitam quantitatem, propter quod oportet quod noviter et a modernis detur quidam modus protrahendi pausas, quae debent talibus multiplicatis semibrevibus respondere.

⁵ Et dicimus quod de ipsis damus talem regulam generalem, scilicet quod protrahantur iuxta semibrevem cantandam, nihil considerando de spatio, sive praecedant ipsas semibreves, sive sequantur, per modum linelulae brevissimae quam potest fieri, tamen semper excedendo pontellum, qui etiam in mensurata musica invenitur, de quo infra dicetur. ⁶ Formae vero talium linelularum sunt istae:

Ex. 9

⁷ Et tot de huiusmodi pausis multiplicentur, quot ad proportionem cantus et consonantiam sunt partes temporis omittendae, ita videlicet quod a tribus semibrevibus in antea ipsas per senariam divisionem, et a sex in antea per novenariam, sive per duodenariam, prout in cantibus occurrerit divisio temporis, distinguamus; ut hic:

Ex. 10

---

⁴ Falli... oculus *om.* S Falli namque posset oculus *MB* partem *pro* quantitatem *BPRS* detur *in corr.* B, videtur *P,* videatur *S* quia *pro* quae *PRS* post modus *habet* videtur *R* multis *pro* multiplicatis *PRS,* multiplicatis *in corr.* B

⁵ Et *om.* L protrahatur *pro* protrahantur *M* caudatam *pro* cantandam *PRS* nihil *in corr.* B, nulla *R* praecedat *pro* praecedant *LS* sequatur *pro* sequantur *LS* quam *pro* quantum *BPRS* tamen *om.* PR excedendo semper *BPR* punctello *pro* pontellum *M,* ponctello *B* mensura *pro* mensurata *S*

⁶ linellularum *B*

Ex. 9: BPR, LM ut Ex. 8

⁷ huiusmodi *in marg.* B, istis *R,* hiis *BS, del. in textu* B quod *pro* quot *R* consonantiam et proportionem cantus *M* obmittere *de pro* omittendae *S* senaria *pro* sex in antea *S* post sive *om.* per *BPRS* duodenariam, XII^m *B,* 12^m *P, nos semper litteris numeros conscribimus* occurrit *pro* occurrerit *RS* post hic *add.* patet *BPR*

Ex. 10: etc. *S; notas et pausas varie componunt BPR*

⁸ Sed quaeritur: Nunquid, sicut de duabus semibrevibus prima fit maior per artem, et praefertur minori in cantando, nunquid — dico — potero lineam protractam per duas partes spatii praeferre minori naturaliter cantabili in pausando, ut hic?

Ex. 11

⁹ Dicimus quod non. ¹⁰ Cuius ratio est quia talis pausa faceret nos duas partes temporis omittere, nota vero unam partem solum temporis contineret. ¹¹ Et tunc sequeretur quod illud quod dicit privationem et nihil de se ordine naturae vel artis, plus contineret et plus haberet in statu suae privationis et negationis (quia pausa faceret duas partes temporis pausare) quam illud quod positivum est et affirmativum ac etiam fundamentum; nam nota sequens talem pausam non haberet nisi unam partem temporis in cantando. ¹² Potest ergo pausa unius tertiae partis temporis bene praeferri notae duarum partium, sed non pausa duarum partium temporis, ut est dictum. ¹³ Sed potest ipsam bene sequi; nam ex quo praecessit quod perfectum est et reale, potest sequi quod minus perfectum est. ¹⁴ Etiam si tunc perfectum ab imperfecto excedatur, sufficit ei imperfecto perfectum habere pro fundamento. ¹⁵ Si ergo talis pausa duarum partium temporis non potest praeponi, eo quod tale quid esset pluris perfectionis quam nota existendo una pausa, si volumus duas partes

---

⁸ Instantia *praemittit* L   nunquit *pro* nunquid R   sit *pro* fit B   praeferatur *pro* praefertur LS   poterro B   naturali L   cum talibus *pro* cantabili S
   Ex. 11:   BR   *in textu* S
   ⁹ Solutio *praemittit* L   quod *om.* S
   ¹⁰ obmittere LS   solam unam partem BS
   ¹¹ nihil *corr. m. rec.* B, nullo PR   quia *in* quae *corr.* B   quam illud *om.* PR, quam id BS, id *corr. in* illud *m. rec. in marg.* B   propositum *pro* positivum S, positum L   est *om.* PR, *suprascr. m. rec.* B   afermatum *pro* affirmativum L   fundantum *pro* fundamentum S
   ¹² proferri *pro* praeferri S   dictum est PRS
   ¹⁴ et *pro* etiam M   enim *pro* ei BPRS   imperfectio *pro* imperfecto R   pro fundamento habere M *reic. c. c.*   fundamentum L
   ¹⁵ proponi non potest S   illa pausa *pro* una pausa BP, prima pausa S

temporis omittere ante notam, duas de supradictis lineis faciamus, quarum unaquaeque solum ad tertiam partem spatii tunc attingat, et tunc erit aequale dictorum imperfectorum quodlibet cum perfecto, ut hic patet:

Ex. 12

[16] Sed circa hoc notandum est quod nunquam in principio alicuius cantus pausa aliquid mensurans debet praeponi, quia tunc privatio praecederet habitum, quod est impossibile ordine naturae vel artis. [17] Sed si praecedat in cantu aliquo, tunc hoc erit propter proportionem talis cantus cum alio qui incipiet a cantare. [18] Et tunc debet dici quod principium sit cantus qui incipit a cantare, e non cantus qui incipit a pausare. [19] Et haec de pausis sufficiant ibi dicta.

FINIT TRACTATUS SECUNDUS

---

autem *pro* ante BPR   quaque *pro* unaquaeque BRS, quaeque P   adtingat S   duorum *pro* dictorum BPR   patet *om.* M

Ex. 12:   B; *post* 5 *om.* pausam S

[16] Notabile *ante* Sed circa *habent* BMP   est *post* notandum *om.* M   decet *pro* debet BPR   poni *pro* praeponi BPRS

[17] canto *pro* cantu PRS   tunc *bis script.* M   propter *om.* S   incipiet qui cum alio R   alio *corr. ex* aliquo S   a cantare, a *om.* S

[18] Et tunc... cantare *om.* BPRS, a *om.* L   a pausare, a *om.* S

[19] hoc *pro* haec BM   sufficiat S   hic *pro* ibi S

Finit tractatus secundus *om.* LRS

TRACTATUS TERTIUS
DE PONTELLO

¹ Sequitur de pontello, de quo tractando hoc ordine procedemus:

² primo enim dicemus quae fuit necessitas quod iste pontellus in scripta musica figuretur;

³ secundo, ostendemus quomodo de ipso post caudas et proprietates et pausas statim per ordinem est tractandum;

⁴ tertio, declarabimus quid talis pontellus faciat in musica mensurata.

B 49v   L 36r   M 83r   P 60   R 61v   S 62v

Titulum om. S   Incipit tractatus tertius M, tractatus *om.* R, tertius *om.* BR   puntello R,   punctello L,   pontellum *accepimus considerantes analogiam cum* ponte *a Marcheto institutam*

9. ¹ puntello BPRS,   punctello L, *ut infra alterna vice cdd.*

² quare *pro* quod S   musica mensurata *pro* scripta m. R   figuraretur *pro* figuretur BP, figuratur S

³ ostendemus *corr. m. rec.* B, ostendendum est PR   proprietas *pro* proprietate P   statum *pro* statim PR

⁴ mensurata *om.* S

CAPITULUM PRIMUM

10 QUAE FUIT NECESSITAS QUOD ISTE PONTELLUS IN SCRIPTA MUSICA FIGURETUR.

[1] Circa primum est sciendum, et moraliter loquendo ac etiam naturaliter, quod tunc terra a terra distingui dicitur quando distinguitur per aliquem decursum aquarum; et tunc non licet homini pertransire de terra ad terram nisi aut in navi aut per pontem. [2] Et si dicatur: per quod facilius, dicimus quod per pontem, quia tunc omittuntur multa quae sunt ad navim necessaria gubernandam. [3] Nunc igitur ita est quod, sicut in terra seu in parte terrae terminus invenitur per quem dicitur quod, si volumus ad partem alteram pertransire, oportet quod ponte utamur, ita etiam in cantu, finita proportione, si volumus ad proportionem aliam pertransire, oportet quod in musica taliter mensurata aliquo utamur signo quod vocatur pontellus, quasi similitudinarie loquendo; quia sicut de parte terrae finita per pontem vadimus ad aliam partem terrae, sic de proportione una temporis finita per pontellum innuitur ad proportionem aliam nos transferre. [4] Et quia talis pontellus proportionem a proportione separat, ideo a magistris et doctoribus mu-

---

B 50r   L 36r   M 83r   P 60   R 61v   S 63r

Capitulum *om.* RS   primum *om.* BS   Quae fuit... figuretur *om.* S   fuerit *pro* fuit M   talis *pro* iste PR   scriptam *pro* scripta B   mensuretur *pro* figuretur BP, figurarentur L, mensuraretur R

10. [1] distinguntur *pro* distinguitur P   cursum *pro* decursu M, decursum L   licet *m. rec. in marg.* B   transire *pro* pertransire R   nisi aut, aut *om.* R   navim *pro* navi B   vel *pro* aut R

[2] dicetur *pro* dicatur S   facillime *pro* facilius P   dicimus... pontem *om.* S   obimittuntur *pro* omittuntur S   navis *pro* navim P   gubernandam necessaria PRS, *reiec. c.c.*

[3] sive *pro* seu R, aut S   quem *in corr.* B, quam P   debet *pro* dictur S   quod si, si *om.* S   simillitudinarie B   inuitur BP

[4] Sed *pro* Et S   magnis *pro* magistris et S

sicae modi divisio nominatur. ⁵ Quomodo autem modos dividat infra dicetur et statim. ⁶ Sufficit autem nobis dixisse qua ratione tale signum, scilicet pontellus, sit in mensurata musica introductus. ⁷ Et hoc de primo.

Capitulum Secundum

11 QUOMODO DE IPSO POST PROPRIETATES ET PAUSAS SIT TRACTANDUM

¹ Quantum ad secundum, est sciendum quod merito post pausas de ipso pontello per ordinem est tractandum. ² Cuius ratio est quia pausa, ut dictum est, facit desistere a cantando. ³ Ad hoc autem tollendum, immediate post ipsas pausas est dicendum quid ipse pontellus faciat in musica mensurata.
⁴ Et hoc de secundo.

---

dividere *pro* divisio *BPR*
  ⁵ modus *pro* modos *PRS* dividit *pro* dividat *M*
  ⁶ dixise *add. in marg. B, om. PRS* punctello *pro* pontellus *P*
  ⁷ Et *om. PR* haec *pro* hoc *P*

B 50r L 36v M 83v P 60 R 62r 63r
 Capitulum *om. RS* secundum *om. BS* Quomodo... tractandum *om. S*
tractandum. Rubrica *M*
 11. ¹ post *m. rec. in marg. B* per ordinem *om. S*
  ³ immediate, dia *suprascr. B* pausas *ex* pausa *corr. m. rec. B* pontellus *corr. m. rec. B*
  ⁴ *post* de secundo *add.* dicto *L*

Capitulum Tertium

[12] QUID IPSE PONTELLUS FACIAT IN MUSICA MENSURATA

[1] Quantum ad tertium, dicimus quod ipse pontellus, ratione immediate superius dicta, modi divisio nuncupatur.   [2] Quos autem modos dividat ad invicem, videamus.

[3] Ubi sciendum est quod aliquando dividit modos discantus, sicut quando ponitur inter duas vel tres breves positas inter duas longas, faciendo notas praedictas pertinere per sui additionem ad alium modum discantandi quam facerent sine eo, ut hic:

Ex. 13

[4] Aliquando enim ponitur post longam, innuens ipsam perfectam, puta quando ipsam sequitur sola brevis vel plures quam tres, ut hic:

Ex. 14

B 50r   L 36v   M 83v   P 60   R 62v   S 63r

Capitulum *om. RS*   tertium *om. BS*   Quid... mensurata *om. S*   faciat ipse punctellus *L*   mensurata. Rubrica *M*

12. [1] dictae *pro* dicta *BR*

[2] Quos autem modos dividat *m. rec. corr. B*, quo dividat *P*, quomodo d. *R*, quos d. *S*   ad invicem, ad invi *add. in marg. B*

[3] modus *pro* modos *B*   distanciis *pro* discantus *PR*, distantes *S*, discantus distanciis *ex* distanciis *corr. m. rec. B*   pertinere *om. S*   suy *pro* sui *P*   aditionem *B*, additionem quod *P*   quem *pro* quam *PR*   cantandi *pro* discantandi *L*   faceret *pro* facerent *L*

Ex. 13:   *L*   *B in textu, PR* punctum post 2 et cauda in 7 *om.*   *in textu sine lin. S*

[4] enim *om. S*   post ipsam *add.* longam *S*   vel plures quam tres *om. S*   ut hic *add. in marg. S*

Ex. 14:   *L*   *R,B in textu,* P *cum ligatura   in 15-16, in textu sine lin.* S *cum puncto post 1*

65

5.

nam longa semper dicitur imperfecta, si sequitur ipsam sola brevis vel plures quam tres absque pontello praedicto.

⁵ Aliquando autem solum dividit modos proportionandi notas ad invicem absque divisione modi discantus, sicut quando ponitur inter plures semibreves, ut hic:

Ex. 15

tunc enim significat unam partem semibrevium ad unam proportionem temporis pertinere, et aliam ad aliam.

⁶ Aliquando autem ponitur inter breves, puta quando multarum brevium numerus praecessit habentium se per ternariam proportionem, duabus existentibus in fine, quarum duarum ultima alteratur. ⁷ Ad maiorem enim evidentiam et ratione superius dicta (scilicet quod non debet esse in cantu deliberatio) ponitur ipse pontellus inter breves scilicet post illas omnes quae praecedunt duas in fine sistentes. ⁸ Innuit namque quod ibi perfectio sit completa, et per consequens quod de duabus brevibus sequentibus ultima alteratur, ut hic:

Ex. 16

⁹ Interdum vero facit utrumque, scilicet quando ponitur inter semibreves sic se habentes, quod primo ponuntur plures breves, post has duae vel tres etc. semibreves, post quas vel in quibus consistit ternaria proportio; iterum post ipsas duae vel tres etc. semibreves pro uno tem-

---

longam *ex* longa *corr. B*   si sequitur ipsam semper dicitur imperfecta *PR, cum apographus exemplum in textu haberet, male lineas scriba legisse videtur*
⁵   solum *m. rec. in marg. B*   ab invicem *P*   divisione, si *suprascr. B*
Ex. 15: L *B in textu, PR* 10 *non post* 9, •••••••. *etc. in textu sine lin. S*
autem *pro* enim *R*   signat *pro* significat *BPRS*, t *suprascr. B*   alia *pro* aliam *R*
⁶   enim *om. S*, autem *R*   duas existentes *pro* duabus existentibus *BPRS*
⁸   enim nam *pro* namque *S*
Ex. 16:   L   *B in textu, PR, P sine* ligatura 12-13, *in textu sine lin. S post* 12 *habet* ••• ｜
⁹   primo *add. m. rec. in marg. B, om. PRS*   post has *in corr. B, add.* vero *S*   e contra *pro* etc. *BLPR*, aequales *S, et infra*   *pro om. S*   unum tempus

pore concurrentes, post quas erit una brevis quae necessario erit altera.
[10] Tunc enim pontellus duo facit: primo, proportionem perfectionis ternariae dicit esse completam, et sic per consequens sequitur quod brevis ultima alteratur; secundo, semibreves a semibrevibus separat, tempora distinguendo. [11] Sed quia absque deliberatione et provisionis mora hoc scire esset difficile intuenti, ideo dicimus quod fiant duo pontelli iuxta se positi, per quos ad praedicta duo cognoscenda instruemur facilius quam per unum, ut hic:

Ex. 17

[12] Et haec de pontello sufficiant quoad praesens.

FINIT TRACTATUS TERTIUS

---

continentes *pro* uno tempore concurrentes S   erit altera brevis L
[10] Tunc enim pontellus *in corr.* B   ternariam *pro* ternariae P   separ-rat B, se parat P
[11] promissionis *pro* provisionis R   haec *pro* hoc S   sire B   instruimur *pro* instruemur P   facilius *corr. m. rec.* B   post his *habet* patet B

Ex. 17:   L   B *in textu*, P, R *post* 9 *tres alias breves add. post* 18 *tres semibreves et longam add., in textu sine lin.* S, 9 *om., post* 12 *habet*
[12] Et hoc... praesens *add. in marg. m. rec.* B   hoc *pro* haec S
Finit tractatus tertius *om.* LPR

TRACTATUS QUARTUS

13 DE QUODAM SIGNO QUOD A VULGO FALSA MUSICA NOMINATUR

¹ Sequitur videre de quodam signo quod a vulgo falsa musica nominatur. ² De quo videndo hoc ordine procedemus:

³ primo enim dicemus quae necessitas fuit tale signum introducere in musica mensurata;

⁴ secundo, ex hoc concludemus quomodo proprio nomine debeat nominari;

⁵ tertio, ostendemus quod immediate post proprietates et pontellum tractandum est de eo;

⁶ quarto, ipsum figurabimus modo quo debet in musica figurari.

B 51r   L 37r   M 84r   P 62   R 63r   S 63v
Titulum om. S   Sequitur *pro* incipit P, *om.* BLR   tractatus *om.* LR quartus *om.* BLR   nominatur. Rubrica M
13. ¹ falsa *corr. m. rec.* B   nuncupatur *pro* nominatur L
⁴ concludimus *pro* concludemus PR, concludemus *in corr.* B   proprio *in corr.* B, primo PR
⁶ eum *pro* ipsum S   det *pro* debet P   in *suprascr. m. rec.* B

Capitulum Primum

QUAE FUIT NECESSITAS QUOD TALE SIGNUM INTRODUCERETUR IN MUSICA MENSURATA

[1] Quantum ad primum, dicimus quod necessarium fuit hoc signum introducere in musica mensurata pro cognoscendis dissonantiis quae occurrunt in cantibus mensuratis. [2] De quibus quidem quae et quot ipsae sint, ac etiam quomodo se ante consonantias habeant, in quodam nostro opere planae musicae est ostensum.

[3] Ipsas enim dissonantias per alia duo signa scilicet ♮ quadri et ♭ rotundi, quae sunt vel esse possunt in quolibet cantu mensurabili sive plano, possemus nullatenus reperire. [4] Cuius ratio est quia ipsa duo signa semper tonum dividunt per enarmonicum et diatonicum semitonia, vel e converso; hoc autem signum semper per cromaticum et diesim. [5] Nam oportet quod ipsae dissonantiae sese respiciant sic, quod a consonantiis ad quas tendunt per minorem distantiam sint distantes. [6] Sed

---

B 51v   L 37r   M 84r   P 62   R 63v   S 63v

Capitulum *om.* RS   primum *om.* BR   Quae fuit... mensurata *om.* S   necesitas B   mensurata. Rubrica M

14. [1] necessarium fuit *corr.* B, necessitatem habuit PR   in mensurata musica BP   cognoscendo *pro* cognoscendis P

[2] quid *pro* quae PR   et quot *corr. m. rec.* B, *om.* PR   se *om.* M   habeant *ex* habent *corr. m. rec.* B   quodam *om.* L

[3] dissonantias *corr.* B   quadri *om.* S, quadrum LPR   rotundum *pro* rotundi LPR, *corr.* S   nullathenus R

[4] est *om.* PR   diatonicum BL   semitonia *corr.* B   et *pro* vel S   contrario *pro* converso BRS   per *suprascr.* S   dyesim PR

[5] sic quod, quod *om.* P   ad consonantias *pro* a consonantiis S

[6] et *pro* in BP

hoc esse non potest nisi per toni divisionem in cromaticum et diesim, vel e converso. ⁷ De ipsis enim omnibus divisionibus, quare, quo modo et ubi fiant, clarius ostenditur in ipsius planae musicae opere praelibato.

⁸ Et hoc de primo.

CAPITULUM SECUNDUM

15   QUOMODO TALE SIGNUM DEBEAT PROPRIO NOMINE NOMINARI

¹ Quantum ad secundum, dicimus quod nomen debet esse consequens rei. ² Cum igitur tale signum sit repertum in musica ad pulchriores consonantias reperiendas et faciendas, et falsum, in quantum falsum semper sumatur in mala parte potius quam in bona (quod enim falsum est de se, nunquam bonum est), ideo salva reverentia aliorum dicimus quod magis deberet et proprius nominari musica colorata quam falsa, per quod falsitatis nomen attribuimus eidem. ³ Et hoc de secundo.

---

dyesim *PR* contrario *pro* converso *BPRS*
    ⁷ De quibus *pro* De ipsis *PR*, De ipsis *corr.* *B*, ipsius *L*   enim *corr.* *B* omnibus *add. in marg.* *B*, *om.* *L*   ostendetur *pro* ostenditur *B*   ipsius *corr.* *B*, ipsis *M*
    ⁸ Et *om.* *P*

    B 51v   L 37r   M 84v   P 62   R 64r   S 64r
    Capitulum *om.* *PRS*   secudum *om.* *BPRS*   Quomodo... nominari *om.* *S*   nuncupari *pro* nominari *B*   nominari. Rubrica *M*
    15. ¹ est *pro* debet esse *S*
      ² ergo *pro* igitur *R*   et falsum *in corr.* *B*   falsu semper *B*   est enim falsum *pro* enim falsum est *R*, falsum *corr.* *B*   de se *add. in marg. m. rec.* *B*, *om.* *RS*   debet *pro* deberet *BPR*   propriis *pro* proprius *M*   nomen falsitatis *BPRS*   ante attribuimus *add.* non *S*   eidem *corr.* *B*

CAPITULUM TERTIUM

16 QUOMODO POST PROPRIETATES ET PONTELLUM SIT TRACTANDUM DE IPSO SIGNO

¹ Quantum ad tertium, dicimus quod per proprietates et pontellum tractatum est de accidentibus ad ipsam musicam pertinentibus, et quia in musica fiunt interdum colores ad pulchritudinem consonantiarum, sicut in gramatica fiunt colores rhetorici ad pulchritudinem sententiarum, ideo statim post proprietates et pontellum debuit etiam tractari de ipsa musica colorata.   ² Et hoc de tertio.

CAPITULUM QUARTUM

17 QUOMODO DEBET IPSUM SIGNUM IN MUSICA SIGNARI

¹ Quantum ad quartum, dicimus quod quorundam opinio fuit quod, quia per ♮ quadrum ascendimus supra ♭ rotundum in eodem spatio vel in eadem linea tres partes toni divisibilis, quae sunt diatonicum semito-

---

B 51v   L 37r   M 84v   P 62   R 64r   S 64r
Capitulum *om. PRS*   tertium *om. B*   Quomodo... signo *om. S*   pontellum (punctellum *L*) et proprietates *LP*   signo. Rubrica *M*
16. ¹ tractandum *pro* tractatum *LPS*   acidentibus *B*   ipsam *corr. m. rec. B*   rethorici *MPR*, rectorici *B*   *ante* ideo *add.* et *M, om. L*   puncta *pro* pontellum *M*

B 51v   L 37r   M 84v   P 62   R 64r   S 64r
Capitulum *om. LPRS*   quartum *om. BLPRS*   Quomodo... signari *om. S*   signari. Rubrica *M*
17. ¹ oppinio *B*   fudit *pro* fuit *B*   supra b rotundum *om. M*, super b r. *B*, super b, (contra *L*)   molle vel rotundum *R*   in eadem *om. M*   *ante* tres *add.* per *BRS*   dyatonicum et enarmonicum *pro* diatonicum *BPRS*   semitonia *pro*

nium, per hoc vero tale signum non ascendimus nisi unam partem ipsius toni, quae est diesis, supra ipsum ♮ quadrum in eodem spatio vel linea, dividendo semitonium enarmonicum pro consonantiarum coloribus assumendis. [2] Cum igitur dicunt ipsi quod sit tantus effectus in dicto signo quod addit supra ♮ quadrum unam partem semitonii enarmonici, quae dicitur diesis, volentes se ad geometriam reducere, dicunt <quod> debet figurari pro meditate ♮ quadri, ut hic: ♮. [3] Et eorum ratio est quia ♮ quadrum immediate supra se semper dicit elevationem semitonii enarmonici, et haec figura per ascensum dividit illud enarmonicum semitonium; et ideo concludunt ipsam figurari debere triangulatam, scilicet pro medietate ♮ quadri, quod est quadragonus. [4] Sed nec quoad musicam, nec quoad geometriam ipsi recte concludunt. [5] Et hoc ostendimus solum per verba eorum, ostendendo quod verba sua nostrum dicunt propositum et eorum oppositum. [6] Et primo loquimur geometrice: Certum est quod pentagonus addit supra quadragonum unum angulum; [7] est ergo ista bona conclusio: Pentagonus non addit supra quadragonum tot angulos quot habebat quadragonus, sed solum unum angulum; [8] ergo debet figurari pro medietate quadragoni. [9] Certum est enim quod ista deductio falsa est, immo debet dici quod pentagonus debet figurari cum uno angulo plus quam habeat quadragonus.

---

semitonium *BPRS*   *ante* unam *add.* per *BPRS*   quadratum *pro* quadrum *PRS*   dividendo semitonicum et armonicum *S*   assumendum *pro* assumendis *PR*
   [2] quod sit, quod *om. BPR*   cantus *pro* tantus *LS*   quadratum *pro* quadrum *M*   et armonia *pro* enarmonici *S*   nolentes *pro* volentes *L*   *post* dicunt *add.* quod *ego*   signari *pro* figurari *PRS*   quadrum *pro* quadri *S*
   [3] Et *om. MP*   quadrum *om. S*   et armonia *pro* enarmonici *S*   armonicum et semitonium *pro* enarmonicum semitonium *S*   concluditur *pro* concludunt *M*   deberet *pro* debere *B*   triangulata *pro* triangulatam *S*   medietatem *L*   quadragon *pro* quadragonus *BR*
   [5] ostendemus *pro* ostendimus *S*   ostendendo quod verba *m. rec. in marg B*   dicant *pro* dicunt *PR*
   [6] *post* certum est *add.* enim *PR*
   [7] Esset *pro* est *L*   igitur *pro* enim *P*   ista *om. S*   additur *pro* addit *BPR*   habeat *pro* habebat *P, abeat B*
   [9] enim *om. BPRS*   ymno *pro* immo *B,* ymo *R*   *post* angulo *add.* quadragoni *S*   habet *pro* habeat *P, suprascr. B*

¹⁰ Recte ergo in musica ipsi concludunt dictam conclusionem geometrice dicentes: ♮ quadrum facit ascendere de tono divisibili tres partes, primo, quae sunt semitonium diatonicum; post has, duas, quae sunt semitonium enarmonicum. ¹¹ Tale autem signum ultra hoc facit ascendere unam partem plus ipsius toni quam faciat ♮ quadrum, dividendo ipsum semitonium enarmonicum pro medietate. ¹² Ergo, dicunt ipsi, debet figurari pro medietate ♮ quadri; cum ipsi potius deberent dicere: debet figurari cum ulteriori perfectione quam ♮ quadrum, eo quod ascensum addit supra ipsum et divisionem. ¹³ Ergo dicendo et concludendo et secundum verba eorum, dicamus quod ratione praedicta tale signum debet figurari sicut primo ♮ quadrum et cum ulteriori perfectione, eo quod ascensum et divisionem addit supra ipsum. ¹⁴ Sed talis perfectio non innuitur per multiplicationem angulorum (puta faciendo pentagonum vel exagonum), cum de ipsis nihil ad musicam, sed solum ad geometriam. ¹⁵ Sed quia de proprietatibus dictum est quod protractio ipsarum dicit perfectionem secundum plus vel minus; ideo fiat tale signum cum quadam proprietate supra ♮ quadrum, ut hic ♯. ¹⁶ Sufficit enim ultimiores protractiones facere in ipso quam in ♮ quadro. ¹⁷ Et maxime talis protractio debet fieri in tali signo in sursum et a parte dextra, in qua perfectio innuitur, ut in tractatu de proprietatibus superius est ostensum, et in sursum, quia formalius; sunt enim superiora magis formalia infe-

---

¹⁰ ipsi concludent in musica S   ipsam *pro* dictam BPRS   visibili *pro* divisibili S, divisibilis BP   quia *pro* quae S   semitonicum *pro* semitonium M   dyatonicum M   potest *pro* post B   haec *pro* has B, hoc M   asscendere B
¹¹ ipsius *om.* M   per medietatem M
¹² debent *pro* deberent P   deberet *pro* debet PR   asscensum *pro* ascensum B *in corr.*
¹³ dicimus *pro* dicamus L   signari *pro* figurari PR   primum *pro* primo S   quadrum *om.* M
¹⁴ non *om.* BPRS   anglorum P   sexagonum *pro* exagonum PR   angolis *pro* ipsis BPR, dictus angulus S   *post* nihil *add.* pertineat B *in marg.*
¹⁵ perfectio *pro* protractio BPRS, aliter protractio *in marg.* B   temporum *pro* ipsarum BPRS, ipsa(ru)m *add. in marg.* B   tale signum fiat R
¹⁶ ulteriores *pro* ultimiores S   quadrum *pro* quadro BPR
¹⁷ talis *om.* BLPRS   superius *m. rec. in marg.* B, *om.* LPRS   formalis

rioribus et per hoc magis activa. [18] Aqua enim est formalior terra, et aer aqua, et ignis aere, quia sunt loco superiora; nam formae est, sicut loci, continere.

[19] In quibus enim locis poni debeat tale signum, in nostro opere planae musicae ubi de divisione toni tractatur, plenius est ostensum. [20] Et haec sufficiant de musica colorata.

EXPLICIT PRIMA PARS PRIMI LIBRI DE ACCIDENTIBUS MUSICAE MENSURATAE

pro formalius *BPRS*, aliter formalius add. in marg. *B*   accidentia *pro* activa *BPRS*
    [18]   quae *pro* quia *BPR*   cantinentia *pro* continere *M*
    [19]   loci *pro* locis *BP*   loci *pro* toni *BPRS*, aliter toni add. in marg. *B*
    [20]   hoc *pro* haec *BS*   sufficiat *pro* sufficiant *S*   post colorata add. de quarto *P*

Explicit... mensurate *om. S*   pars prima primi libri *BPR*

Secunda Pars Primi Libri
DE ESSENTIALIBUS MUSICAE MENSURATAE

TRACTATUS QUINTUS
DE TEMPORE

18

¹ Ostenso superius de accidentibus extrinsece operantibus ad mensuram ipsius cantus, nunc videndum est de hiis quae intrinsece et essentialiter sunt de substantia ipsius cantus, et hoc rationabiliter. ² Nam de accidentibus non est scientia, sed solum de essentialibus et intrinsecis pertinentibus ad unamquamque scientiam. ³ Sed substantialia et intrinseca ipsius cantus sive musicae sunt notae, in quibus ipsa scientia musicae essentialiter consistit; de notis igitur est videndum. ⁴ Et quia in presenti proposito habemus tractare de mensura cantus (nam de cantu plano alibi tractavimus); igitur in praesenti opusculo, ut non transeamus de genere in genus, non habemus videre de ipsis notis simpliciter et absolute, sed solum in quantum possimus per eas cantare aliquid mensurate. ⁵ Omnis enim mensura in certa quantitate et tempore est, nam tempus

---

B 52v   L 37v   M 85r   P 64   R 65v   S 65r

Titulum om. S   Incipit secunda pars *etc. cet. cdd.*   ascensialibus *in textu del.* B, esscentialibus *add. in marg.*   musicae *bis script.* M   primus *pro* quintus BR   tempore. Rubrica M

18. ¹ ipsius et cantus PR   his *pro* hiis R   sunt *m. rec. in marg.* B, *om.* PRS
² essentialibus *corr.* B   intrinsece *pro* intrinsecis PR
³ substantialia *in ras.* B   et intrinseca *om.* PR, et *om.* S   sive, *suprascr.* e B   intrinsece *pro* musicae mensuratae S, *in marg. add.* vel musicae, *om.* L
⁴ qui *pro* quia R   prescenti B   ideo *pro* igitur PR   prescenti opusculo B   possumus *pro* possimus LR

est mensura motus (per Philosophum, quarto Physicorum). ⁶ Videndum est igitur de ipso tempore, primo scilicet quomodo in musica accipiatur, et quomodo ipsis notis applicetur, ut per consequens videamus in cantu mensurato quomodo istae notae accipiantur et qualiter mensurentur.

⁷ Ad videndum autem de ipso tempore prout in musica accipitur hoc ordine procedemus:

⁸ primo enim ponemus veritatem quid sit ipsum tempus musicum;

⁹ secundo, ipsum distinguemus modo quo distinguibile est in musica;

¹⁰ tertio, reprobabimus quorundam opinionem tam circa diffinitionem eius quam circa distinctiones eius.

---

5 tertio *pro* quarto BPR
6 aplicetur S   accipiantur *om.* M
7 procedamus *pro* procedemus P
9 Secundo et ipsum PR
10 oppinionem R   difinitionem L   diffiniciones *pro* distinctiones R

Capitulum Primum

QUID SIT IPSUM TEMPUS MUSICUM

[1] Quantum ad primum, dicimus secundum magistrum Franconem quod musice loquendo tempus est id quod est minimum in plenitudine vocis; et hanc diffinitionem sic probamus. [2] Unumquodque perficitur minimo sui generis (per Philosophum, decimo Metaphysicae), et hoc est clarum. [3] Nam unitas quae est minimum et principium numeri perficit totum ipsum numerum; nam dicere decem est dicere 10 unitates, et dicere viginti est dicere 20 unitates, et sic de omnibus, scilicet quod primum et minimum in unoquoque genere est perfectio et mensura prima omnium quae sunt in ipso genere. [4] Cum igitur mensura ipsius cantus sive notarum consistat in ipso tempore, ut est dictum, concluditur quod minimum tempus quod est reperiri in ipsa musica sit causa et perfectio mensurandi. [5] Sed quia tempus, ut tempus abstractum ab omni materia, esset divisibile in infinitum, sicut linea separata esset divisibilis in infinitum, ideo, cum nostra consideratio non sit de tali tempore (quia sic non esset dare primum tempus), sed sit de tempore prout in musica

---

B 43v   L 38r   M 85v   P 64   R 66r   S 65r

Capitulum *om. RS*   primum *om. BRS*   Quid... musicum *om. S*   ipsum *om. R*   musicum. Rubrica *M*

19. [1] dicimus quod *M*   f. *pro* Franconem *S*   illud *pro* id *M*   minimum in plenitudine vocis est *R*

[2] hac *pro* hanc *P*   libro *pro* decimo *BPR*, in decimo *S*   haec est clara *MS*, clarum *ex* clara *corr. B*

[3] 10 unitates, 10 *om. S*, unitates *corr. B*

[4] ut dictum est *BPR*   concluditur *add. m. rec. in marg. B*   quia *pro* quod *S*   ipsa *om. BPRS*   cantus *pro* causa *L*

[5] tempus est abstractum *BPRS*   ante consideratio *del.* intentio *R*   de tali, de *suprascr. B*   cum *pro* sic *S, add. in marg.* vel sic   sed sic *pro* sed

accipitur, ideo dicimus quod non omne minimum tempus est perfectio et prima mensura cantus, sed tempus musicum. ⁶ Id ergo quod est minimum tempus musicum est prima mensura et ratio mensurandi totum ipsum cantum. ⁷ Hoc autem est illud minimum tempus in quo potest formari plenitudo vocis, propter quod magister Franco, postquam dixit: Tempus musicum est minimum, addidit statim: Non quodcunque minimum tempus, sed quod est minimum in plenitudine vocis; quasi dicat: Illud tempus minimum, in quo potest formari plenitudo vocis, est ipsum primum tempus et ratio mensurandi omnia quae in musica continentur.

⁸ Sed dicet aliquis: Da mihi illud. ⁹ Tunc sic dicimus: Dictum est alibi in musica plana quot sunt instrumenta necessaria ad vocem formandam.

¹⁰ Quando ergo plene dicta instrumenta concurrunt ad formationem vocis et decenter, non nimis nec parum, tunc fiet plenitudo vocis. ¹¹ Et istud fiet quando cum canna pulmonis seriose et decenter impleta anhelitu cum decenti inflatione ventris ad hoc exprimendum, emittitur anhelitus feritque sic auditum quod ad plenum percipit, proferens hunc prolatum sonum sive vocem in sui ipsius seu in alterius proferentis pectore ceu in quodam tintinnabulo resonare. ¹² Illud ergo minimum tempus in quo potest plenitudo vocis formari, modo superius declarato, est pri-

---

sit *BPR*   Et ideo dicimus *BPRS*   quod non, non *om. S*   secundum tempus *pro* sed tempus *S*

⁶ Illud *pro* id *M*

⁷ Hoc est autem *S*   id *pro* illud *BPRS*   Francus *in corr. B, f. S*   statim addidit *M*, addit *L*   est minimum, est *om. S*   quasi diceret *pro* quasi dicat *BS*, quod *P*   id *pro* illud *S*, ilud *corr. ex* id *B*

⁸ Instantia *add. L*   diceret *pro* dicet *BPRS*, dicet *Co*   istud *pro* illud *BPR*, id tempus *S*, illud *Co*

⁹ Responsio *add. L*   Tunc *om. S*   sint *pro* sunt *L*   ad formandam vocem *BPRS*, *reiec. c. c.*, ad vocem formandam *Co*,   formandum *pro* formandam *P*

¹⁰ praedicta *pro* dicta *BPRS*, dicta *Co*   deducuntur *pro* decenter *S*   minus *pro* nimis *B*   parium *pro* parum *M*

¹¹ quando *om. R*   carne *pro* canna *S*   plumonis *pro* pulmonis *B*   seriose, r *suprascr. B*, seniose *P*, soriose *S*, feriose *R*   hanelitu *M*, *et infra*, anelitu *L*   ferritque *B*   perficit *pro* percipit *S*   seu *pro* ceu *BPR*   quoddam *B*   titinabulo *pro* tintinnabulo *M*, tytinabulo *P*, cyncinabulo *R*   resonante *pro* resonare *S*

¹² Et illud *L*   declaratum *pro* declarato *S*

mum tempus a quo tota musica mensuratur secundum magistrum Franconem. [13] Et hoc de primo.

Capitulum Secundum

[20] QUOMODO IPSUM TEMPUS EST DISTINGUIBILE IN MUSICA

[1] Quantum ad secundum, dicimus quod praedicta diffinitio est temporis perfecti in musica; nam, ut dictum est superius, unumquodque mensuratur primo et perfecto sui generis, sicut exemplificatum est in numeris;   [2] sed tempus musicum superius diffinitum est primum, quia minimum, et est perfectum, quia est in plenitudine vocis;   [3] praedicta ergo diffinitio est temporis perfecti in musica, et non imperfecti, cum tale tempus sit mensura omnium aliorum.   [4] Quod autem in aliquo minimo discrepat a perfecto, de necessitate est imperfectum; nam quodcunque minimum desit sibi, facit ipsum imperfectum.   [5] Omne igitur tempus quodcunque sit illud quod non sit minimum in plenitudine vocis sed plus quam minimum, non est perfectum, sed plusquamperfectum; et illud quod est minimum et non in plenitudine vocis, non est perfectum, sed de perfectione plenitudinis vocis deest sibi, et sic est imperfectum.

---

a quo, a *om.* BLPRS
   [13] Et *om.* PR   haec *pro* hoc M

   B 53v   L 38r   M 86r   P 65   R 67r   S 65 v
   Capitulum *om.* PRS secundum *om.* BPRS   Quomodo... musica *om.* S musica. Rubrica *M*
   20. [1] superius quod *M*   perfectio *pro* perfecto *R*   exemplificatum *corr. B,* explicatum *S*
      [2] secundum *pro* sed *S*   diffinitum primum quia minimum est et perfectum *S*   est primum quia... *post haec verba tacet L*
      [3] tamen *pro* cum *P*   fit *pro* sit *P*
      [4] nam quodcunque... perfectum *om.* PR
      [5] quodcunque sit illud *corr. m. rec. B*   id *pro* illud *S*   non fit *pro* non sit *M*   sed plus quam *in corr. B*   id *pro* illud *S*

⁶ Patet igitur diffinitio temporis musici, quoniam aliud est plusquamperfectum, aliud perfectum et aliud imperfectum.   ⁷ Utrum autem inter ista cadat medium, infra patebit.   ⁸ Et haec de secundo.

Capitulum Tertium

21 REPROBATUR QUORUNDAM OPINIO TAM CIRCA DIFFINITIONEM TEMPORIS QUAM CIRCA DISTINCTIONEM EIUSDEM

¹ Quantum ad tertium, dicunt quidam contra praedictam diffinitionem temporis musici multipliciter, et primo sic: ² Tu dicis, tempus musicum est quod est minimum in plenitudine vocis, quam dicis formari decenter per instrumenta;   ³ et dicis hoc tempus esse mensuram cantus.   ⁴ Sed contra ego possum mensurare et tempus formare sine ipsa voce vel solum cum sono vel cum instrumentis vel breviter cantando organice vel rhithimice vel solum cum imaginatione mea; ergo tale tempus, quod tu dicis, non est mensura et primum omnium aliorum.

⁵ Respondemus: Primum ordine naturae est illud quod est naturale quam illud quod fit ad similitudinem eius, sicut prius est exemplum quam exemplificatum.   ⁶ Sed ad exemplum et similitudinem temporis praedicti, quod est primum in musica armonica, ipsa musica organica et rhithmica

---

⁶ quantum *pro* quoniam *fortasse* M, *et infra*

B 54r   M 86r   P 65   R 67v   S 66r

Capitulum *om.* PRS   tertium *om.* BPRS   Reprobatur... eiusdem *om.* S   oppinio BR   eius *pro* eiusdem M   eius. Rubrica M

21. ² Tu dicis quod P, t. d. quia R   quam dicit P   deceret *pro* decenter R
³ et *om.* S   tempus hoc BPRS
⁴ formare tempus M   sive *pro* sine P   cum instrumentis, cum *add. in marg.* B, *om.* PRS   ymaginatione M   et primum *om.* BPRS   rithmice *cdd.*
⁵ id *pro* illud S, *et infra*, ilud B   sit *pro* fit S   similitudine *pro* ad similitudinem BPRS
⁶ perfecti *pro* praedicti R   armonica *pro* organica R   rithmica *cdd.*

et omnis nostra imaginatio mensurat quicquid mensuratur in cantu, ut patet quoniam dicimus: in tanto tempore tuba tot semibreves fecit ad similitudinem temporis in quo voces formantur;   [7] ergo tale tempus, scilicet armonicum, quod est minimum in plenitudine vocis, est prius ordine naturae quam omnia tempora quae in aliis musicis duabus considerantur, cum ad similitudinem ipsius temporis armonici mensurentur.

[8] Item contra praedictam diffinitionem ipsius temporis, applicando ipsum aliter quam debeant, dicunt quidam asserentes ipsam esse diffinitionem temporis imperfecti in musica et non perfecti; et hoc asserunt fuisse de intentione magistri Franconis, et rationem assignant talem: [9] Illud quod est primum tempus in musica est mensura omnium aliorum temporum, et prius debet per consequens diffiniri;   [10] sed tale est tempus imperfectum quod est in semibrevibus, quoniam est primum eo quod minimum;   [11] igitur tale tempus debet esse mensura omnium aliorum et per consequens primo debuit diffiniri.   [12] Sed ipsum est tempus imperfectum;   [13] ergo talis diffinitio primo data de tempore per magistrum Franconem debet intelligi fuisse temporis imperfecti et non perfecti.

[14] Et sic in duobus contradicunt rationibus supradictis; primum est quia videntur dicere quod tempus minimum quod fit in semibrevibus sit mensura temporis perfecti.   [15] Et sic, secundum eos, imperfectum erit mensura perfecti, quia ipsi dicunt quod sit prius eo.

---

ei est *pro* omnis P   ymaginatio BMPR   quitquid R   mensurat *pro* mensuratur PR   ut quia patet BPR

[7] scilicet *om.* S   ordinate *pro* ordine BPR   omnia alia tempora PR   consciderantur P   tamen *pro* cum PR   ipsis *pro* ipsius M   armonici mensurentur *om.* S

[8] Item... temporis *om.* S   debeat *pro* debeant PR   idem *pro* rationem M

[9] est primum est tempus M   est mensura omnium *corr.* B   diffinimus *pro* diffinini PR

[10] tale tempus est R   principium *pro* primum P

[11] ideo *pro* igitur PR

[14] duabus *corr. m. rec.* BR   contradictionibus *pro* contradicunt rationibus S   est *om.* S   quod *pro* quia BPRS   videtur *pro* videntur PRS

[15] Et sic... perfecti *om.* PR   ipsum *pro* ipsi S   sic *pro* sit R

¹⁶ Sed sic respondemus: Scientia est de rebus, alias non esset scientia nisi fantastica. ¹⁷ Sed in rebus ita est quod semper ordine naturae perfectum est prius imperfecto, sicut prius est pater filio imperfecto qui generatur, et ad mensuram sive ad comparationem perfecti semper mensuratur imperfectum. ¹⁸ Nam dicimus: Haec res est imperfecta, quia non habet tantum de perfectione quantum habet perfecta, propter quod Philosophus in Metaphysica, ut supra dictum est, dixit quod primum quod est in unoquoque genere est mensura; et est illud perfectum quo omnia quae sunt illius generis mensurantur. ¹⁹ Sed, secundum eos, diffinitio dicta de tempore est diffinitio illius temporis quod mensurat alia tempora; ²⁰ ergo oportet quod tempus sic diffinitum sit prius ordine naturae, et per consequens perfectum, quod possit mensurare in musica omnia alia tempora imperfecta; et sic erit diffinitio temporis perfecti et non imperfecti.

²¹ Praeterea nos dicimus: Tempus quo mensurantur semibreves est tempus imperfectum. ²² Et quare? ²³ Quia non habet tantum de perfectione quantum habet perfectum: ergo tempus semibrevium mensuratur tempore imperfecto, et non e contrario. ²⁴ Diffinitio ergo praedicti magistri Franconis, cum sit de minimo et primo tempore quo omnia in musica mensurantur, est diffinitio temporis perfecti, quod habet rationem mensurae primo, et non imperfecti, quod habet rationem mensurati.

²⁵ Et sic solutum est secundum, scilicet quod praedicta diffinitio sit temporis perfecti et non imperfecti.

---

¹⁶ Solutio primi *in marg.* B   scientia *corr.* B
¹⁷ prius *om.* PR   pater est imperfectior filio R   filio *om.* B   pater est fortior filio P   imperfectio *pro* imperfecto BR   quidem *pro* qui BPRS   ad *suprascr.* P   perfectionem *pro* comparationem R   semper *om.* PR
¹⁸ Methaphyxica B   id *pro* illud S   generis *om.* M   mensurentur MP
¹⁹ data *pro* dicta PR
²⁰ sit *pro* sic R   sic *pro* sit R
²¹ Praeterea... imperfectum *om.* S   mensuratur *pro* mensurantur P
²² quare *om.* S
²³ imperfecto *pro* perfecto S
²⁴ praedicta *pro* praedicti R   mensurae *om.* PR   immensurati *pro* mensurati B
²⁵ imperfecti et non perfecti M

²⁶ Praeterea solvimus istud: tu dicis: Praedicta diffinitio est temporis imperfecti, quia est de tempore minimo in quo potest formari plenitudo vocis; sed istud potest fieri in tempore semibrevium.   ²⁷ Quod non probatur et nos negamus; immo dicimus quod, dummodo fiat plenitudo vocis in quocunque minimo tempore, illa nota sive ille cantus nunquam erit cantus semibrevium, si fiat in plenitudine vocis, modo superius declarato.

²⁸ Praetera solutio ad duo praedicta: tu dicis: Tempus minimum et imperfectum est mensura aliorum;   ²⁹ sed hoc contradicit omnibus philosophis et auctoribus philosophiae naturalis, quibus non est credibile quod contradicat musica, cum sit inventa ab homine per viam naturae, et maxime Philosopho in libro Metaphysicae, ut superius dictum est. ³⁰ Ergo tua opinio falsa est cum suo motivo.

³¹ Reprobata opinione circa diffinitionem temporis musici, reprobamus opinionem quorundam circa distinctionem ipsius temporis, qui dicunt quod inter tempus musicum perfectum et imperfectum est dare medium;   ³² sed quod hoc sit impossibile, respondemus.   ³³ Certum est musicam esse de notis, et ipsae notae sunt de numeris; ita erit ergo de tempore applicato ipsis notis, sicut erit de numeris.   ³⁴ Sed in numeris ita est, quod inter ternarium et quaternarium non est dare medium, cum differant secundum magis et minus et secundum perfectionem essentialem; et inter ternarium et binarium non est dare medium, ratione praedicta.   ³⁵ Sicut igitur quaternarius excedit ternarium, quia dicit unam perfectionem plus quam ipsum, et binarius deficit a ternario, quia dicit

---

²⁶ Solutio secundi *in textu* B   plenitudine *pro* plenitudo S
²⁷ nos *om.* BPRS   ymmo *pro* immo B, yma PR, imo S
²⁹ hoc *m. rec. in marg.* B, *om.* PRS   contradicis *pro* contradicit S   viae *pro* per viam PR   a phylosopho PR, phylosophi S   Metaphesicae ergo ut superius R
³⁰ Ergo *om.* R   oppinio, *et infra* B
³¹ musici... temporis *om.* S   musicae *pro* musici BPR   quorumdam *corr.* B   diffinicionem temporis ipsius *pro* distinctionem ipsius temporis BPR
³³ ipsius *pro* ipsis P
³⁴ de *pro* in PR   medium *om.* R   cum differant... dare medium *om.* S   inter magis *pro* secundum magis R   et secundum *om.* M
³⁵ ergo *pro* igitur BP   quaternarium *pro* quaternarius R   ipse *pro* ipsum S   defficit B

unam perfectionem minus eo, nec inter ista est dare medium; [36] sic omne quod excedit tempus perfectum dicit unam perfectionem vel plures plus quam ipsum, et sic est plusquamperfectum. [37] Et tempus quod deficit a perfecto dicit unam perfectionem minus ipsum, et sic est imperfectum; nec inter ista est dare medium.

[38] Praeterea perfectum et imperfectum apponuntur contradictorie (per Philosophum, quinto Metaphysicae), quia impossibile est quod aliquid simul et in eodem tempore et secundum idem possit esse perfectum et imperfectum; [39] sed inter contradictoria nunquam est dare medium, secundum omnem philosophiam; [40] ergo inter tempus perfectum et imperfectum non est dare medium loquendo essentialiter et intrinsece et per se de natura temporis perfecti et imperfecti.

FINIT TRACTATUS QUINTUS

---

[36] plures *om.* S
[38] quinto *om.* R   Metaphysicorum S   simul *m. rec. in marg.* B, *om.* PRS
[39] omnem *om.* P
[40] tempus *in marg.* B   dare *m. rec. in marg.* B   medium *in corr.* B
Finit tractatus quintus *om.* BRS

TRACTATUS SEXTUS

Capitulum Primum

DE IPSO TEMPORE QUOMODO APPLICABILE EST AD NOTAS SECUNDUM SE TOTUM

¹ Habemus videre qualiter tempus superius diffinitum applicetur ad ipsas notas per quas cantare instruimur, sive qualiter ipsae notae praedicto tempore mensurentur. ² Circa quod primo sciendum est quod, sicut superius dictum est, tempus superius diffinitum est illud tempus quo cantus mensurabilis mensuratur; habemus igitur ipsum tempus applicare ipsis notis, non simpliciter et absolute, sicut in musica plana, sed secundum rationem mensurae, ita quod ipsis notis taliter applicemus quod per ipsum totus cantus mensurabilis mensuretur. ³ Ubi primo sciendum est quod ipsae notae, sicut superius dictum est, secundum numeros distinguuntur. ⁴ Tempus igitur quod debet applicari ipsis notis, debet applicari eisdem et secundum proportionem numeralem et secundum debitam proportionem cantandi, ex qua consurgat diversimoda armonia.

B 55v M 87r P 67 R 69v S 67r

Titulum om. S   Incipit tractatus sextus *M, om.* RS   tractatus quintus *BP*   Capitulum primum *om.* PR   modo quo *pro* quomodo *M*   totum. Capitulum primum *B*   totum. Rubrica *M*

22. ¹ tempus... sive qualiter *om.* S   applicatur *pro* applicetur *BPR*

² est dictum *BPRS*   illud *m. rec. in marg. B,* id *S*   tempus *corr. B, om. PRS*   mensurabilis, bi *suprascr. B*   plana musica *M*   applicamus *pro* applicemus *BPR*

³ distinguntur *BPRS, ut semper*

⁴ applicare *pro* applicari *S*

⁵ Secundum proportionem numeralem tempus sic applicatur ad notas: ⁶ nam in numeris ita est quod omnis numerus perficitur per unum primo, secundario vero per duos primos numeros, scilicet per duo et tria, et non per plures. ⁷ Nam quattuor nihil aliud sunt quam duae dualitates, quinque vero nihil aliud sunt quam duo et tria, sex vero sunt duo ternaria et tria binaria, septem vero nihil aliud sunt quam duo binaria et unum ternarium. ⁸ Totus ergo numerus comprehenditur per duo et tria et mensuratur per ipsa, et adhuc primo per unum; nam ipsa duo et tria mensurantur per unum. ⁹ Quid est ergo primum et mensura aliorum? ¹⁰ Unum. ¹¹ Quid est perfectius in numeris? ¹² Duo et tria, quia per ipsa alii numeri mensurantur. ¹³ Sed inter duo et tria quid est perfectius? ¹⁴ Dicimus quod tria, nam duo non possunt mensurare tria, sed bene per tria mensurantur duo. ¹⁵ Unum ergo est primum in mensura, sed tria sunt perfectior mensura quae possit in numeris reperiri.

¹⁶ Secundum ergo modum istum quo habent notae in musica mensurari, oportet applicari ipsis notis ita, ut sic dicamus: ¹⁷ Sicut unum est prima ratio mensurandi numeros, ita unum tempus est prima ratio mensurandi notas; ¹⁸ et sicut duo et tria mensurant omnes alios numeros, modo superius declarato (quoniam omnes alii numeri reducuntur ad ipsa), ita duo tempora et tria tempora sunt mensura omnium temporum quae unquam possent in musica mensurari. ¹⁹ Et sicut duo

---

⁶ numerus *om.* S   primo *om.* S   praedictos *pro* primos S

⁷ quattuor RS, IIII°ʳ B, 4 MP, *hic et semper numeros litteris conscribimus* nulla *pro* nihil BPR, nil M   alia *pro* aliud PR   dualites *pro* dualitates PR   nulla *pro* nihil BPR, nichil M, nil S   alia *pro* aliud PR   est *pro* sunt M   ternaria duo BPRS   *post* tria binaria *habent* et unum ternarium BPRS   nulla *pro* nihil BPR   alia *pro* aliud R

⁸ ipsam *pro* ipsa M   et adhuc, et *om.* PR

¹¹ Quidem *pro* Quid BR

¹² quia... mensurantur *om.* PR

¹³ Sed... tria *om.* PR   est *om.* BPRS

¹⁵ est ergo S   perfectiorum *pro* perfectior S

¹⁶ mensurationem *pro* mensurari oportet S   applicare *pro* applicari PS   ita ut *om.* S

¹⁸ sic *pro* sicut P   mensurantur *pro* mensurant R   nunquam *pro* unquam M, unaquaeque BPR, unaquaque S   possunt *pro* possent R   in musica possent mensurari B, in musica mensurari possent PR, *reiec. c.c.*

in numeris non possunt mensurare tria, sed tria bene duo, ita duo tempora in musica non possunt mensurare tria, sed tria bene duo. [20] Et sicut tria sunt perfectior numerus qui possit reperiri in mensura numerorum, sic tria in musica sunt perfectior ratio mensurandi quae possit in musica reperiri. [21] Et quia semper est a perfectioribus inchoandum, ideo nota trium temporum primum gradum tenet inter notas, tamquam mensura completa, continens in se tempora notarum omnium aliarum; post ipsam vero nota duorum temporum; tertio vero loco nota unius temporis. [22] Et iste est modus applicandi ipsum tempus musicum ipsis notis secundum proportionem scilicet naturalem.

[23] Sed contra dicet aliquis: Tu dixisti mihi prius quod unum tempus musicum est prima et perfectior ratio mensurandi omnia alia tempora quae in musica continentur, quoniam primum in unoquoque genere est ratio mensurandi omnia quae sunt post.

[24] Respondemus quod ad hoc idem dicimus, sed addimus quod si petatur quid est primum tempus quod mensurat omnia alia tempora in musica, omnino dicimus quod unum tempus est. [25] Et si postea petatur quot tempora primo mensurat, ita quod non oporteat reiterare ipsa, dicimus quod solum duo et tria. [26] Nam si plura mensurat, ad duo et tria oportet quod necessario reducatur, sicut de numeris est superius declaratum. [27] Ultima ergo perfectio quam potest ipsum unum tempus mensurare est trinitas temporis, tamquam continens in se omnes alias

---

[19] ita duo... bene duo *om.* S
[20] possent *pro* possint PR
[21] est *om.* S   a perfectioribus est inchoandum BPR, *reiec. c. c.* post *corr. m. rec.* B,   potest R   quarto *pro* tertio P   nota *om.* R
[22] notandus *pro* modus S
[23] contradiceret *pro* contra dicet PR   meum *pro* unum S   primum *pro* prima PR   perfectio *pro* perfectior R   alia tempora... mensurandi omnia *om.* S *ante* quoniam habent et BPR
[24] Solutio *praemittunt* BP   adhuc *pro* ad hoc MPR   rationem *pro* idem M   petatur *corr.* R   quid *corr.* B, quod R   omnia *om.* BPRS   omnino *om.* M
[25] petatur *add. in marg.* B   quot *corr.* B   dicimus *corr.* B
[26] si duo plura S   *ante* ad habent est BPRS   ad tria P
[27] perfectior *pro* perfectio B   post *pro* potest S   in *pro* ipsum P   mensuramus *pro* mensurare S

perfectiones.   ²⁸ Sed in ratione mensurandi, postquam inventa est mensura quae vadit usque ad tria et non ultra, oportet quod in ipsis tribus temporibus primo et per se omnia alia tempora mensurentur, quoniam ipsa tria tempora continent in se omnem perfectionem, quae primo in numeris reperitur.   ²⁹ Bene ergo dictum est prius quod nota trium temporum, licet unum tempus mensuret ipsa, tripliciter replicando ipsam, quia tamen non est ulterius procedere, scilicet ut ipsa mensuretur per alia tempora quod non est de notis infra ipsam; ideo ipsa inter notas continet primum gradum, nota vero duorum secundum, nota autem unius tertium.   ³⁰ Et haec est ratio quod modus mensurandi primus est modus trium temporum, tamquam perfectior modus ad quem oportet quod reducantur necessario omnes modi alii mensurandi, et quod ultra modum trium temporum non est dare alium modum mensurandi in musica qui sit perfectior (puta quattuor temporum vel ultra), quoniam omnes alii modi reducuntur ad istum vel ad contenta in isto, sicut omnes numeri super ternarium reducuntur ad ipsum vel ad contenta in ipso.

Capitulum Secundum

23 DE DUBITATIONE QUORUNDAM CIRCA NOTAM DUORUM TEMPORUM QUAE DICITUR ALTERA BREVIS

¹ Sed quia secundum quosdam nota duorum temporum quae dicitur altera brevis, eo quod de se et essentialiter et per se et non per accidens (puta per subtractionem) continet duo tempora in ipso cantu, ne-

---

²⁸   postquam *corr.* B   quod primo *pro* quae primo BPRS
²⁹   mensuret ipsam *pro* mensuret ipsa M   trium *pro* unius S
³⁰   est ratio, est *om.* BPRS   quia *pro* quod S   prius *pro* primus PS   necessario reducantur S   alii modi BPRS   et quod ultra modum *bis script.* P, quod *om.* S   non est dare... quattuor temporum *om.* PR   non est dare... vel ultra *add. m. rec. in marg. infer.* B   perfectior sit S   contenta *corr.* B *in m. rec. in marg.* B   *post* ternarium *habet* numerum P

B 56v   M 88r   P 68   R 71v   S 68r

Capitulum *om.* PRS   secundum *om.* BPRS   De dubitatione... brevis *om.* S
23. ¹ Et *pro* sed BPR   et essentialiter, et *om.* S

gatur esse necessaria;   ² vel ad minus arguunt quod omnino non sit aliqua nota duorum temporum modo sopradicto, dicentes quod, si esset, figuraretur cum aliqua singulari proprietate, sicut et nota trium temporum — puta cum aliqua cauda minori quam nota trium temporum.
³ Sed non figuratur nisi sicut brevis, quae est unius temporis.   ⁴ Aut ergo, dicunt isti, non est dare aliquam notam quae primo et per se et essentialiter sit duorum temporum, sed solum per subtractionem — puta quando subtrahitur unum tempus a nota trium temporum per brevem praecedentem vel sequentem ipsam, ut hic:

Ex. 18

⁵ aut si est dare, oportebit ipsam figurari cum aliqua proprietate per quam cognoscatur differre a nota unius temporis — puta cum aliqua minori cauda quam nota trium temporum.   ⁶ Et istud est quasi principale motivum ipsorum qui dicunt quod tempora protrahuntur in notis secundum longitudinem caudarum per lineas et spatia protractarum.

Capitulum Tertium

DE SOLUTIONE PRAEDICTI DUBII ET DE MODO FORMANDI NOTAS

¹ Ad errorem igitur praedictorum repellendum, tamquam contrarium omnibus auctoribus qui tractaverunt de musica mensurata, hoc ordine procedemus.

---

² arguitur *pro* arguunt S   sicut *m. rec. in marg.* B
³ Hoc *pro* sed BPRS
Ex. 18: B *in textu*, P, R, S *in textu*
⁵ ipsam oportebit P
⁶ ipsorum trium *pro* ipsorum PR, trium ipsarum B, trium *m. rec. in marg.*   pertrahuntur *pro* protrahuntur S   praetractarum *pro* protractarum P

B 57r   M 88r   P 68   R 72r   S 68r
Capitulum *om.* PRS   tertium *om.* BPRS   De solutione... notas *om.* S   absolutione *pro* solutione BPR   nota. Rubrica M

² primo enim demonstrabimus quod de necessitate est dare in cantu mensurato unam notam quae per se et essentialiter est duorum temporum, et non per accidens sive per subtractionem alicuius tertii temporis ab ipsa;

³ secundo, ostendemus in quo situ et loco de necessitate talis nota debeat figurari;

⁴ tertio, demonstrabimus quod ipsa figuratur cum aliqua singulari proprietate sensibili et notoria per quam differt et potest ad sensum cognosci posse differre a nota unius temporis et a nota trium;

⁵ quarto, ex praedictis concludemus quare talis proprietas sit sua propria et non alterius notae.

⁶ Primum enim sic ostendemus: In omni motu de necessitate est devenire de uno extremo ad aliud extremum per aliquod medium, et de necessitate illud medium per se et essentialiter differt ab extremis, sicut patet in motu locali; ⁷ nam qui vadit de uno loco ad alium, de necessitate transit per medium, et per tale medium quod non est aliquod extremorum. ⁸ Sed certum est quod cantus est quidam motus vocis qui tempore mensuratur, sicut motus localis omnis etiam tempore mensuratur. ⁹ Sicut ergo in motu locali est dare primum tempus, in quo illud quod movetur est in uno termino a quo mevetur, et aliud in quo est in medio, quod differt a primo, et tertium in quo est in ultimo termino, ita quod omnia ista tria tempora distinguuntur naturaliter ad invicem; ¹⁰ sic et in ipso cantu mensurato qui discurrit per notas, mensurando de una nota in aliam donec ad perfectionem mensurae trium temporum perveniat, ut probatum est, primo est dare notam quae uno tempore men-

---

24. ² necessitate, ce *suprasc. m. rec.* B
    ³ vel *pro* et BPRS   de necessitate *om.* PR
    ⁴ sursum *pro* sensum *corr.* B   *post* differre *habet* etiam *pro* et P
    ⁶ extremum *pro* extremo R   aliquid *pro* aliquod PS, *et infra*
    ⁸ notis *pro* vocis S   pro *pro* qui S   mensuratus *pro* mensuratur S   omni *pro* omnis S
    ⁹ igitur *pro* ergo R   movetur est *corr. m. rec.* B   materialiter *pro* naturaliter M
    ¹⁰ nota *pro* notas P

suretur, et aliam quae duobus, et aliam quae tribus; ¹¹ ita quod sicut unum est principium primum et essentiale in numeris, duo vero est secundum principium essentiale in eis, tria vero tertium, quae essentialiter differunt, ita etiam in musica oportet esse (cum ipsa fundetur super numeros) una nota, quae de se et essentialiter sit unius temporis et non per accidens, et alia quae sit duorum temporum per se et essentialiter et non per accidens, et alia quae trium.

¹² Patet ergo quod in cantu mensurato necessario est dare notam quae sit duorum temporum primo et per se et essentialiter et non per accidens et subtractionem, sicut interdum accidit de nota trium temporum quae efficitur duorum per notam brevem vel eius valorem praecedentem vel sequentem ipsam, ut hic:

Ex. 19

Capitulum Quartum

²⁵ IN QUO SITU ET LOCO NOTAE DEBEANT FIGURARI QUAE DIVERSIS TEMPORIBUS MENSURANTUR

¹ Videamus ergo in quo situ et loco nota quae dicitur altera brevis de necessitate debeat figurari. ² Dicimus quod de necessitate in ultimo loco. ³ Et ultimum locum appellamus locum illius notae in quo tria tempora perficiuntur, ita quod, si ulterius volumus procedere in cantando

---

¹¹ primum principium *M* vero sunt *pro* vero est *S,* est *om. R* differt *pro* differunt *S* ita et *pro* ita etiam *M* quae sit trium, sit *suprascr. B*
¹² et essentialiter, et *om. S*

Ex. 19: *PR, B in textu om. pausam,* *in textu sine lin. S*

B 58r M 88v P 69 R 73r S 68v
Capitulum *om. PRS* quartum *om. BPRS* In quo... mensurantur *om. S* mensurantur. Rubrica *M*
25. ¹ loco et situ *BR* debet *pro* debeat *M*
³ Et in ultimum *BPR* ipsius *pro* illius *BPR*

de necessitate sequitur longa.   ⁴ Et rationem adducimus ex proportione notarum ad invicem et coniunctione quam oportet fieri de ipsis notis, ut per ipsas mensurate cantetur.   ⁵ Et ratio talis est: Probatum est superius quod mensura trium temporum est perfectior mensura quae possit reperiri in cantu, eo quod sit aliarum mensurarum omnium contentiva. ⁶ Postquam ergo in cantu, sive in una nota sive in pluribus, sunt tria tempora mensurata, oportet nos iterato, aut per unam notam aut per coniunctionem plurium simul, reincipere ad alia tria tempora mensuranda.   ⁷ Si ergo post notam trium temporum detur nota altera brevis, ex ista et illa fient quinque tempora.   ⁸ Aut ergo subtrahes a nota trium temporum unum tempus, et dabis isti alteri brevi — et tunc sequetur quod nota trium temporum efficiatur duorum, et in ea non reperietur perfecta ratio mensurandi —; aut nihil dabis eidem — et tunc in altera brevi non reperietur perfecta ratio mensurandi.   ⁹ Oportet ergo quod ex coniunctione dictarum duarum notarum ad invicem non possit perfecta ratio mensurandi trium temporum in ipsarum altera reperiri, quod est contra rationem mensurandi.

¹⁰ Sed dices: Post alteram brevem ego addo brevem, ex quibus duabus perficitur ratio mensurandi.   ¹¹ Tunc contra primum principium in musica est, quod ipsa est numeris applicata.   ¹² Sicut ergo in numeris nullus conceptus vivens posset concipere duo, nisi prius concepisset unum (nam duo nihil aliud sunt quam duae unitates); et sicut in musica nullus posset concipere duas notas nisi prius concepisset unam, ita nullus posset concipere duo tempora nisi prius concepisset unum.   ¹³ Ordine ergo

---

sequetur *pro* sequitur M
 ⁴ coniunctionem *pro* coniunctione BPRS
 ⁵ ratio *om.* M talis est ratio S possit *om.* S sit aliarum *add. in marg. m. rec.* B, *om.* PR
 ⁶ ergo *om.* S plurimum *pro* plurium PR recipere *pro* reincipere BPR
 ⁸ alterae *pro* alteri M, altera P sequitur *pro* sequetur R efficiatur *pro* efficietur BPRS aut nihil... mensurandi *om.* BPR
 ⁹ posset *pro* possit P in *om.* S rationem *add. in marg.* B
 ¹⁰ Instantia et solutio *praemittunt* BP dices *corr.* B, diceres PR, dic S perfitietur *pro* perficitur BP post *subscr.* B
 ¹¹ principium primum BPRS, Principium *in corr.* B applicatio *pro* applicata PR
 ¹² nullo contentus *pro* nullus conceptus BPR duo unitates P

92

naturae unum tempus praecedit duo, et nota unius temporis praecedit notam duorum. ¹⁴ Brevis ergo nota, ut ostensum est, praecedit alteram brevem naturaliter, sicut unum praecedit duo. ¹⁵ Oportet ergo quod nota duorum temporum sit situata in ultimo loco. ¹⁶ Quem appellamus ultimum locum in quo tria tempora perficiuntur, in quibus consistit perfecta ratio mensurandi; nam non potest figurari post notam longam, nec brevis post ipsam, rationibus supradictis. ¹⁷ Ergo ipsa tenet ultimum locum in mensura cantus, ut declaratum est, et hoc est proprie proprium ipsius notae alterius brevis. ¹⁸ Et cum ipsa sit finis et perfectio suae brevis cum qua conficit tria tempora, oportet quod si volumus ulterius cantare, reincipiamus a nota alia in qua consistat perfecta ratio mensurandi, sive tria tempora, nisi forte per accidens subsequens ipsam imperficiatur, ut hic:

Ex. 20

nam per ipsam alteram brevem prima tria tempora sunt completa. ¹⁹ Et haec est ratio quare post alteram brevem de necessitate sequitur longa. ²⁰ Et per hoc refellitur error quorundam qui vel per punctum vel per aliquam aliam proprietatem additam ipsi alteri brevi dicunt ipsam fieri alteram brevem, iterum post ipsam addentes brevem, quoniam ipsi non incipiunt sequentem cantum a perfecta ratione mensurandi. ²¹ Et idem

---

13   *post* duorum *add.* temporum *m. rec. in marg.* B
14   procedit *pro* praecedit R
16   appelamus P   post *corr.* B, per M   notam *om.* BPRS
17   ultimam *pro* ultimum P   alterae *pro* alterius BMPR, altera S
18   ulterius volumus M   recipiamus *pro* reincipiamus BPRS   consistit *pro* consistat PR   ratio perfecta S   imperficitur *pro* imperficiatur S

Ex. 20:   B *in textu*, P, R *punctum habet post* 6, *in textu sine lin.* S *om.* 7 *et* 9   per ipsam *corr.* B

19   hoc *pro* haec B   ratio est BPR   nota *pro* de necessitate S, necitate *pro* necessitate B   sequetur *pro* sequitur BP   longam *pro* longa B
20   reppelitur *pro* refellitur B, repellitur PS, repelletur R   eror S   quae *pro* qui R   vel per punctum, vel *om.* R   per aliquam, per *om.* R   aliam partem proprietatis *pro* aliam proprietatem S   alterae *pro* alteri M   post *corr.* B   addentes *corr.* B, addendes R, addes S   brevem *corr.* B, per brevem PR   ipsmi *pro* ipsi S   ad perfectam rationem S   mensurandae *pro* mensurandi R

dicimus si pluribus brevibus addunt puncta, dicentes eas fieri alteras breves, iterum breves post ipsas addentes, ut hic:

Ex. 21

Capitulum Quintum

26 CUM QUA PROPRIETATE DEBEAT FIGURARI ALTERA BREVIS

[1] Demonstrabimus ergo quod altera brevis habet proprietatem singularem, ad sensum cognoscibilem, per quam figuratur distincta et a brevi et a longa; nam hoc patet per superius dicta. [2] Longa enim potest figurari seu situari ante brevem et post, et in principio perfectionis et post. [3] Brevis etiam potest figurari et ante longam et post, ut de ipsis hic patet:

Ex. 22

[4] sed non potest brevis situari post alteram brevem. [5] Altera autem brevis non potest situari in cantu nisi in ultimo loco perfectionis mensurae. [6] Quod est ergo proprie proprium sive proprietas ipsius alterius

---

21 praedicta *pro* puncta S   addentes post ipsas M

Ex. 21   B *in textu, PR om. 3-4, puncta om. P, S om. 8-9 in textu sine lin.*

B 59r   M 89r   P 70   R 74r   S 69r

Capitulum *om.* PRS   quintum *om.* BPRS   Cum qua... brevis *om.* S brevis. Rubrica M

26. [1] sursum *pro* sensum BPR   quem *pro* quam S   et a longa, et *suprascr.* B
    [3] situari *pro* figurari BPR   et ante, et *om.* M   hic de ipsis M

Ex. 22:   B *in textu, PR, in textu sine lin. S om.* 5

[4] breve *pro* brevem B
[6] alterae *pro* alterius BMPR   quam *corr.* B   possint *pro* possit S

brevis, per quam possit cognosci distincta et a longa et a brevi. ⁷ Dicimus quod situs quem habet in ultimo loco perfectionis mensurae. ⁸ Nam etsi longa et brevis etiam possunt poni in ultimo loco perfectionis, possunt tamen in principio et in medio situari, quod non est de altera brevi; nam de necessitate ipsa situatur in ultimo loco perfectionis mensurae et non alibi, ut demonstratum est. ⁹ Talis ergo situs est propria proprietas ad sensum distinguens ipsam et a longa et a brevi, sicut per caudam et non caudam distinguuntur longa et brevis. ¹⁰ Et per hoc refellitur error dicentium quod non distinguuntur altera brevis et brevis per aliquam proprietatem figuratam, ex quo ipsi suas caudas ipsas notas distinguentes ad invicem depinxerunt. ¹¹ Ex quo sequitur quod talis proprietas sit ipsius alterius brevis et non alterius notae.

¹² Et ex praedictis sic sillogizamus: Illud est proprie proprium alicuius quod convenit omni et soli et semper (per Porphyrium), sicut risibile convenit omni homini et soli homini et semper homini; ¹³ sed semper situari et locari in ultimo loco perfectionis mensurae cantus et non alibi convenit omni alteri brevi et soli alteri brevi et semper alteri brevi, ut supra monstratum est; ¹⁴ ergo tale situari et locari est propria proprietas ipsius alterius brevis, per quam ad sensum potest cognosci distincta et a longa et a brevi.

---

et a longa, et *om.* BPRS
    ⁷ mensurae *om.* S
    ⁸ Nam... poni in ultimo loco perfectionis *om.* S   perfectios *pro* perfectionis B   situatur ipsa BPR   albi *pro* alibi B
    ⁹ sursum *pro* sensum BPR   et a longa, et *corr.* B, *om.* S   distinguitur *pro* distinguuntur S   etiam brevis *pro* et brevis BPR
    ¹⁰ reffellitur B, repellitur PRS   distinguitur *pro* distinguuntur S
    ¹² silogizamus PS, sylogismus R   convenit omni, omni *om.* R, ei P   per Porphyrium *om.* BPRS   ribile *pro* risibile P   convenit et soli *ante* convenit omni *del.* B   convenit homini R   soli homini et semper homini, homini *bis om.* BPR, habet Bc, semper *add. in marg.* B
    ¹³ latari *pro* locari P   *ante* mensurae *add.* et BPR, mensuere *del.* e S   alibi *corr.* B   omni *add. in marg.* B, *om.* PRS   alatere *pro* alteri M, alterae B, altera P; *et infra*
    ¹⁴ alatere *pro* alterius M, alterae BPR   ipsius *corr. ex* ipsis B   sursum *pro* sensum BPR

¹⁵ Et sic patet quomodo ipsum tempus musicum applicetur ipsis notis in mensura cantus: nam unum tempus est tempus notae brevis, duplex tempus est ipsius alterius brevis, triplex tempus est ipsius longae perfectae.   ¹⁶ Et quia ipsum tempus directe secundum proportionem numeralem applicatur ipsis notis secundum se totum et non secundum divisionem, ideo tales notae debent depingi quadrae planae, ad modum quadranguli, nullam innuentes scissuram per angulos, neque divisionem neque adiectionem, cum suis proprietatibus supradictis, et non sine ipsis, ut per eas scilicet earum essentialis proprietas cognoscatur, hoc modo:

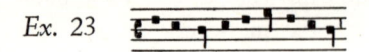

Ex. 23

FINIT TRACTATUS SEXTUS

---

¹⁵ applicatur *pro* applicetur S   ipsis *in corr.* B, ipsius P   nam *corr.* B alatere *pro* alterius M, alterae BPR

¹⁶ perfectionem *pro* proportionem BPRS   ipsius *pro* ipsis P   fissuram *pro* scissuram M   pro *pro* per PR   angulo *pro* angulos BPR   aditionem *pro* adiectionem M, adietionem BR, adictionem P   sed *pro* scilicet R

Ex. 23:   P, *in textu* B *punctum et pausam non habet* R, ••♩ *in textu sine lin.* S

Finit tractatus sextus *om.* BPRS

TRACTATUS SEPTIMUS

[27] DE TEMPORE QUOMODO APPLICABILE EST AD NOTAS IPSAS SECUNDUM DIVISIONEM IPSIUS IN PARTES SUAS

[1] Postquam applicavimus ipsum tempus musicum ipsis notis perfectis secundum se totum et secundum modum debitum ipsius applicandi, et per talem applicationem ostendimus naturam notarum perfectarum per debitum modum figurandi ipsas cum suis proprietatibus, nunc restat applicare ipsum tempus ipsis notis secundum debitum divisionis ipsius, per quod dividitur in diversas partes, ut per hoc ostendamus naturam quarundam notarum imperfectarum et diversum modum figurandi ipsum secundum diversas proprietates. [2] Circa quod hoc ordine procedemus:

[3] primo enim ostendemus quomodo ipsum tempus perfectum dividatur in suas primarias divisiones;

[4] secundo, ostendemus essentias notarum quae ex talibus divisionibus figurantur;

[5] tertio, ostendemus quomodo tales notae ad invicem se habeant, quoad primum modum mensurandi tempus;

B 59v   M 89v   P 71   R 75r   S 69v

Titulum om. S   Incipit tractatus septimus M, Incipit tractatus *om.* R   septimus *om.* BR   ipsas notas BPR   divisionem *corr. ex* dicionem B   suas. Rubrica M

27. [1] debitum modum M, debitum *om.* S   multiplicandi *pro* applicandi M
[3] proprias *pro* primarias M
[4] divisionibus notarum figurantur PR
[5] invicem *corr. m. rec.* B, divisionem PRS   habent *pro* habeant R, heant S

⁶ quarto, ex dictis concludemus modum figurandi ipsas cum proprietatibus earundem;

⁷ quinto, dicemus quomodo semibreves suis propriis nominibus nominentur;

⁸ sexto, ostendemus quomodo semibreves ad invicem se habeant, quoad secundum modum mensurandi tempus.

---

6   ipsa *pro* ipsas S   eamdem *pro* earundem R
8   invicem *corr. m. rec.* B, divisionem S   habeant *corr.* R, habent PR

Capitulum Primum

[28] QUOMODO IPSUM TEMPUS DIVIDITUR IN SUAS PRIMARIAS DIVISIONES

[1] Quantum ad primum, est sciendum quod prima divisio et perfectior ipsius perfecti temporis est binaria et ternaria divisio, hoc est dividere ipsum tempus in duas vel tres partes, et non in plures. [2] Cuius ratio est quia illae sunt perfectiores divisiones ipsius temporis, quae sunt radix et origo omnium aliarum divisionum; [3] sed tales sunt binaria vel ternaria divisio; [4] ergo etc.

[5] Probatio minoris: Nam si dividimus tempus in ultra quam in tria (puta in quattuor), iterum replicamus duo; nam dicere quattuor est dicere bis duo, et dicere quinque est dicere duo et tria, et sic de ceteris. [6] Divisiones ergo ipsius in duas vel in tres partes sunt perfectiores divisiones quae possint in ipso tempore reperiri. [7] Et adhuc est perfectior divisio in tres quam in duas. [8] Probatio: Illa est perfectior divisio quae continet aliam tamquam partem sui, et non e converso. [9] Sed tres partes continent duas, sicut totum continet partes. [10] Sicut ergo tria sunt perfectiora quam duo, sic divisio temporis in tres partes est perfectior quam ipsius divisio in duas. [11] Et hoc de primo.

B 60r   M 90r   P 71   R 75v   S 70r

Capitulum *om.* RS   primum *om.* BPRS   Quomodo... divisiones *om.* S divisiones. Rubrica *M*

28. [1] sci. *pro* sciendum S   vel in tres B
 [2] orrigo S   aliorum *pro* aliarum B   bina et trina *pro* binaria et ternaria M
 [5] quam in tria B
 [6] possunt *pro* possint PR
 [9] sicut totum continet partes *add. in marg.* B
 [10] Sicut *corr.* B   ipsius *om.* S

Cipitulum Secundum

29 DEMONSTRATIO ESSENTIARUM NOTARUM QUAE EX TALIBUS DIVISIONIBUS FIGURANTUR

¹ Quantum ad secundum, ostendemus essentias notarum quarundam, quae ex talibus divisionibus temporis consurgunt et figurantur in cantu, et dicimus quod tales notae sunt notae imperfectae; nam illud est imperfectum quod continent solum partem, et non totum; ² sed tales notae continent solum partem temporis, et non totum; ³ ergo debent dici imperfectae. ⁴ Et quia tempus perfectum est quod mensurat brevem notam perfectam, et partes ipsius mensurant has notas imperfectas; inde est quod tales notae imperfectae dicuntur semibreves, quasi partes brevis temporis mensurantes. ⁵ Et quia dicunt partem et non totum, inde est quod debent simpliciter figurari in acuto angulo obliquo sursum et deorsum, optuso vero dextrorsum et sinistrorsum, ut hic:

Ex. 24

⁶ vel in ligatura cum cauda a latere sinistro in sursum, quae dicit de nota ligata, sive sit quadrata sive obliqua, ascendens vel descendens, etiam semibrevem.

⁷ Quare autem hoc faciat dicta cauda, in tractatu de caudis superius est iam dictum. ⁸ Et hoc de secundo.

B 60r   M 90r   P 72   R 76r   S 70r

Capitulum *om.* PRS   secundum *om.* BPRS   Demonstratio... figurantur *om.* S

29. ¹ ostendimus *pro* ostendemus M   quae *suprascr.* S   partes *pro* partem BPRS

² sed solum tales notae continent partem R

⁴ quod continet sive mensurat R, *ex glossa fortasse in textum irrepsit et partes, et corr.* B, in *pro* et PRS   et mensurat *pro* mensurant S   semibreves dicuntur S   temporum *pro* temporis PR

⁵ angulo obliquo acuto BPRS   obscuro *pro* obtuso R

Ex. 24: 9 *cum cauda in deorsum* M   R, PB 9 *non habent*, 19 *semibreves in textu sine lineis* S

⁶ ligatam *pro* ligatura BPR   caudae *pro* cauda P

Capitulum Tertium

30a QUOMODO TALES NOTAE AD INVICEM SE HABEANT

¹ Quantum ad tertium, est videndum quomodo tales notae et secundum se et ad invicem assumantur in cantu. ² Et primo dicimus quod una sola semibrevis non potest in cantu mensurabili reperiri. ³ Cuius ratio est quia, sicut oportet quod perfecta ratio mensurandi notas perfectas consistat in prima perfectione, quae est trium temporum, sic oportet quod perfecta ratio mensurandi ipsum tempus notae brevis per semibreves contineat tres partes ipsius temporis, per quas discurratur et mensuretur per totam naturam ipsius temporis perfecti. ⁴ Sed si ponimus unam semibrevem notam solam, non potest continere tres partes temporis, quia sic non esset semibrevis sed brevis. ⁵ Si autem contineat unam vel duas partes temporis, per tales duas partes non poterit mensurari tempus perfectum, quia tunc tempus excederet in tertia parte. ⁶ Restat igitur quod si poni debent semibreves, necessario sint duae, ita quod una sola in cantu non potest aliqualiter reperiri.

B 60r   M 90r   P 72   R 76v   S 71v
   Capitulum *om.* PRS   tertium *om.* BPRS   Quomodo... habeant *om.* S   talles B   habeat *pro* habeant P   habeant de sola semibrevi BPR   habeant. Rubrica M
   30a ¹ quomodo tales notae *om.* PR   et secundum, et *om.* S   et ad, et *om.* MPRS
   ³ breves *pro* brevis P   continentes *pro* contineant S   discuratur *pro* discurratur M
   ⁴ ponemus *pro* ponimus BPRS
   ⁵ poterunt *pro* poterit R
   ⁶ semibreves... reperiri *om.* S   uno *pro* una M   Sed dices.. invicem hic *posuit* B (*vide* 30b, 1)

101

I. Prima Divisio

30b α) DE DUABUS SEMIBREVIBUS IN PRIMA DIVISIONE TEMPORIS

¹ Sed dices: Et si sint duae, quomodo se habent ad invicem? ² Dicimus quod, si eodem modo per omnia figurentur, tunc ultima semper habet duas partes temporis, et prima unam. ³ Cuius ratio est quia illud quod mensurat aliquid, sicut partes mensurant totum, illud quod est ultimum via naturae semper perficit naturam. ⁴ Quare? ⁵ Quia finis, et finis semper est ultima perfectio; nam omnia aguntur propter finem, et quando res habet suum finem, habet suam perfectionem. ⁶ Finis enim est causa causarum et omnibus causis nobilior (per Philosophum, secundo Physicorum). ⁷ Si ergo oportet nos per duas notas mensurare tres partes temporis, per primam, quae erit principium, debemus mensurare ipsum tempus in una parte; per secundam vero, quae est finis et perfectionis et mensurae, habemus mensurare duas partes temporis remanentes. ⁸ Et haec est ratio quare, de duabus

---

    B 61r   M 90v   P 72   R 76v   S 70v
    I Prima divisio *ego, non habent cdd.*
    α) De duabus semibrevibus in prima divisione temporis *om. PRS*
    30b ¹ Sed dices... duae *om. S*   et *om. R*
    ² *ante* tunc habent quod BPRS, quia M   tunc *om. R*   semper *om. R*
    ³ ratio est, est *om. BPRS*   quod mensurat aliquid *add. in marg. B*   partim *pro* partes S   quid *pro* quod M   materiae *pro* via naturae S
    ⁴ Quare *om. PR*
    ⁵ ut finis *pro* et finis *corr. B, PR*   est semper S   nam *corr. B*   habent *pro* habet M, *et infra*
    ⁶ et in omnibus BPR   Philoxophicorum *pro* Physicorum B
    ⁷ eipores *pro* oportet P   tempus ipsum BPR   postea *pro* per secundam S   et perfectionis, et *om. M*

semibrevibus in cantu, per omnia similiter figuratis, prima continet unam partem temporis, secunda duas.

⁹ Sed dices: Si primae addo caudam ipsa efficitur duarum partium et in ultima remanet tertia pars temporis mensurandi; quae est ratio.

¹⁰ Dicimus quod ad evidentiam istius est sciendum quod aliud est devenire de partibus ad totum, quod est ire de imperfecto ad perfectum, quam ire de toto ad partes, quod est ire de perfecto ad imperfectum; ¹¹ nam de partibus ad totum itur per viam compositionis, de toto vero ad partes itur per viam divisionis. ¹² Nunc autem ita est quod, sive deveniatur de toto ad partes, vel de partibus ad totum ita quod unum aliud non excedat nec unum ab alio deficiat (puta quod totum non excedat partes nec partes totum, et totum non deficiat a partibus, nec partes a toto), tunc dicimus quod nulla partium habet in se rationem quare plus contineat de toto quam alia, maxime si sunt aequales.

¹³ Detur ergo nota brevis; ista est quoddam totum. ¹⁴ Dividatur istud totum, quod est tempus perfectum primaria divisione, quae est in tre partes: dicta nota dividetur in tres semibreves. ¹⁵ Aequaliter ergo se habet dicta nota brevis ad ipsas semibreves, et ipsae semibreves ad ipsam brevem, eo quod tales partes non excedunt ipsam in mensurando, nec ipsa nota brevis, quae est ipsum totum, excedit ipsas semibreves, quae sunt eius partes, nec deficit ab eis, et eodem modo et uniformiter se habet ipsa brevis ad ipsas semibreves, et e converso, propter quod debent figurari aequaliter et cum aequalibus proprietatibus. ¹⁶ Sed si ipsum totum excedat partes (puta quando brevis solum divi-

---

8 similiter *add. m. rec.* B, *om.* PRS
9 *Praemittit* Instantia B   diceres *pro* dices R   adde *pro* addo P   caudas *pro* caudam S, caudam unam BPR
10 *Praemittit* Responsio B   ipsius *pro* istius S   est hic *pro* est ire P   est ire P
12 ab alia *pro* ab alio P   defficiat R, *et infra*
13 istud *pro* ista S
15 Qualiter *pro* Aequaliter M   habet se BS   ipsa *pro* dicta BPR excedant *pro* excedunt M   in *om.* PR   quod est *pro* quae est BPR, est *om.* S eodem in modo M   converso *corr.* B   signari *pro* figurari BPR, aliter figurari *add. m. rec. in marg.* B
16 excedat *corr. ex* excedit S   «

ditur in duas semibreves, cum tales duae non possint adaequare totum), tunc oportet quod altera ipsarum dicat duas partes temporis propter debitam perfectionem mensurandi; et tunc dicimus quod hoc applicabitur ipsis notis, aut via naturae, aut via artis. [17] Si via naturae, ultima quae est finis, dicet duas partes ipsius temporis; et ratio supradicta est eo quod finis semper sit perfectior quam principium. [18] Sed si ab arte, tunc sufficit quod in duabus vel pluribus semibrevibus compositis ad invicem, consurgat perfectio mensurandi, qua ipsum totum possit a partibus adaequari. [19] Et quia non est prius de ratione alicuius partis quam alterius, ideo per aliquod accidens applicatum notae semibrevi ab arte (puta per aliquam caudam) possumus ipsum totum applicare partibus, non ex libito voluntatis, sed secundum rationabile modum, per quem ipsum totum applicatum partibus perfecte mensuretur ab ipsis, et ipsae partes perfectae mensurent ipsum totum. [20] Et haec est ratio quare possumus addere caudam primae semibrevi et efficietur maior, quia erit ab arte et non a natura notarum, sed supra naturam.

[21] Si dicatur: Ars imitatur naturam in quantum potest; [22] dicimus quod verum est, ratione fundamenti. [23] Et tamen naturalia ita componuntur ad invicem in arte, quod non sic reperiuntur in natura; nam hircum et cervum, quae sunt naturalia, ars ad invicem componit, faciendo hircocervum; et tamen talia non sunt simul in rerum natura quae ars habuit simul pro suo fundamento. [24] Unde, licet tale quid non sit a natura, sed ab arte, ars tamen a rebus naturalibus ipsa accepit.

---

possunt *pro* possint *R*   oporteret *pro* oportet *R*   ipsarum *om. M*   heac *pro* hoc *R*
    [17] temporis ipsius *S*   est *pro* sit *R*
    [18] suficit *B*   mensurandi *om. M*   quia *pro* qua *BPS*, quod *corr. R*   a partibus mensurari et adaequari *R*
    [19] alicuis *pro* alicuius *B*   aliquid *pro* aliquod *P*   quia *pro* ipse *PR*   partes perfectae *BPR*   mensurant *pro* mensurent *PR*
    [20] est *om. BPRS*   efficitur *pro* efficietur *S*   quia erit *pro* quod erit *BPS*, quia exit *P*, aliter quod esset *add. in marg. B*
    [21] Instantia *praemittunt BP*
    [22] Responsio *praemittit B*
    [23] yrcum *pro* hircum *BMRS*, ircum *P*   componitur *pro* componit *P*   yrcum *pro* de hirco *BPRS*, de yrco *M*   sunt simul *corr. ex* simul *B*, sunt *om. PR*, simul *om. S*
    [24] a rebus, a *add. in marg. B*

²⁵ Dicimus ergo quod musicus potest diversificare et conditiones apponere ipsis notis quae innuant ipsas habere proprietates ultra suam naturam; et hoc facit diversas naturas notarum ad invicem diversimode componendo. ²⁶ Unde licet hoc faciat per artem, a naturalibus tamen (puta a partibus temporis et ab ipsis notis componendo eas a diversis partibus temporis) accipit fundamentum, quod est aliquid addere per talem compositionem supra naturam talium notarum, et non contra naturam ipsarum. ²⁷ Et ut dicta melius patefiant, in exemplis ponamus. ²⁸ Haec est brevis:

Ex. 25

β) DE TRIBUS SEMIBREVIBUS IN PRIMA DIVISIONE TEMPORIS

²⁹ Primaria perfecta divisione dividetur aequaliter in tres, quae debent sic aequaliter figurari, eo quod aequaliter se habent ad ipsum totum, et suum totum ad ipsas:

Ex. 26

³⁰ Si autem dividetur solum in duas, ut hic:

Ex. 27

---

²⁵ aponere *B* innuent *pro* innuant *BPR*, inveniuntur *S*
²⁶ puta *add. in marg. B* et ab ipsis... temporis *om. M* accepit *pro* accipit *M* est *suprascr. B, om. PRS* supra *corr. B,* super *R*
²⁸ Hoc *pro* Haec *P* est *om. BPRS,* de *R* brevius *pro* brevis *P,* brevibus *R*
Ex. 25: *in textu habent BPRS*
β) De tribus semibrevibus in prima divisione temporis *om. MS,* perfecti *add. B*
²⁹ divisione perfecta *P* in tres aequaliter *M,* in tres aequalis *S* quae sic figurantur (*exemplum*) aequaliter *pro* quae debent sic aequaliter figurari *R,* quae sic figurantur (*exemplum*) aequaliter esse *P,* quae sic aequaliter figurantur *S* debent *m. rec. in marg. B* eo *om. P* se habent aequaliter *M* ipsum totum et *om. M* ad ipsas *om. M*
Ex. 26: BP, *om. R,* • • • *in textu sine lineis S*
³⁰ dividatur *pro* dividetur *corr. B, S,* dividitur *R*
Ex. 27: *P, in textu sine lineis BRS* Bc

tunc per viam naturae ultima, eo quod finis, dicit in se duas partes temporis, et prima unam. ³¹ Ab arte vero possemus instituere quod prima dicit duas partes temporis, et ultima unam. ³² Et quia hoc est per accidens, ideo oportet quod tali primae accidens adiungatur, et hoc est cauda, ut hic:

Ex. 28

non quod cauda faciat ipsam habere duas partes temporis, quia hoc possemus concipere etiam sine cauda, sed innuit quod voluntatis mensurantis ipsam brevem per tales duas semibreves est quod prima contineat duas partes temporis. ³³ Nec hoc est praeter rationem; sufficit enim musico — in quantum musicus est — quod per tales duas semibreves mensurare valeat ipsam brevem, ita quod ex tali mensura consurgat perfecta armonia et debita proportio mensurandi.

³⁴ In ultra vero tres semibreves non potest ipsa brevis dividi primaria divisione, eo quod, sicut dictum est, primaria divisio temporis perfecti est in tres partes aequales. ³⁵ Sed si in plures partes quam tres debemus dividere ipsum tempus, oportet nos recurrere ad secundam divisionem perfectam, quae erit in bis tres partes, et non in ter tres, ratione infra dicenda. ³⁶ Et in istis bis tribus partibus, et non in ter tribus, oportet quod consistat secundaria divisio ipsius temporis perfecti,

---

partes temporis... unam *add. m. rec. B*   primam *pro* prima *BR*
³¹ Ab arte... unam *add. m. rec. B, om. PR*   instruere *pro* instituere *BS*
³² Et quia... ut hic *add. m. rec. B*   haec *pro* hoc *BR*   est *om. PR*
tali primae accidens *om. PRS*   et hoc est *om. PRS*

Ex 28: *P, BR in textu sine lin.*   *in textu sine lineis S*

 Bc

cauda faciat ipsam propriam *corr. B*   primam *post* ipsam *add. PR*   quia etiam hoc *pro* quia hoc *corr. B*, quia hoc etiam *R*, quia hac etiam *P*   possemus *corr. B*, posset *PRS*   concipere *corr. B*, accipere *PR*, incipere *S*   etiam *om. PR, et M*   voluntati *pro* voluntatis *S*   et mensurantis *PR*   est *om. BPRS*
³³ haec *pro* hoc *R*   est hoc *S*   musicus est, est *om. R*   valeant *pro* valeat *PR*   consurgit *pro* consurgat *P*
³⁴ ultima *pro* ultra *PR*, aliter ultima *in marg. B*
³⁵ inter *pro* in ter *S*   partes *linelula del. B post* in ter tres   in *pro* infra *S*
³⁶ istis *corr. m. rec. B*, hiis *PRS*   inter *pro* in ter *S*, ter *om. PR*

ex quibus figurantur bis tres aliae notae semibreves, quae vocantur minores, ut hic:

Ex. 29

II. DE SECUNDARIA DIVISIONE TEMPORIS IN SEX SEMIBREVES ET CETERIS UT INFRA

α) DE QUATTUOR

[1] Quarum unaquaeque habet in se sextam partem temporis, via naturae. [2] Ab arte vero, propter diversum modum armonizandi, ut patebit inferius, interdum reperitur ipsum tempus perfectum esse divisum solum in quattuor semibreves, secundaria divisione, quae fit per bis tres partes, ut hic:

Ex. 30

[3] Oportet ergo adhuc ut tales partes mensurent suum totum, quod ita ad invicem coaptentur, quod per ipsas sex partes temporis comprehendantur. [4] Et tunc, via naturae, prima pars, eo quod magis propinquat toto, primario dividetur; nam de natura totius est dividi in pro-

---

Ex. 29: ═══════════ *B, om.* 5-6 PR, ••••• *in textu sine lineis S*

B 62v   M 91v   P 74   R 79r   S 72r

II. *Titulum om.* S   secunda *pro* secundaria PR   temporis *add. in marg. m. rec.* B, *om.* PR   et ceteris ut infra *om.* BPR   α) De quattuor *ego, non habent cdd.*

30c [2] sit *pro* fit M

Ex. 30: ═══════════ BPR, •••• *in textu sine lineis S*

═══════════ Bc

[3] ergo *postponit* P *signis transpositionis additis*   adhuc ut, ad hoc *corr.* ut *suprascr.* B, quod ad huc P, quod *solummodo* R, ad hoc ut S   partes adhuc R mensurent *corr.* B   ad invicem ita R   comprehendentur, a *in* e *corr.* B

[4] magis propinquat *corr.* B, magis appropinquet R   dividetur *corr.* B, dividitur PR, dividatur S   primas *pro* proprias BPR, ipsas S   in *om.* S

prias partes; ⁵ et si illas partes debemus adhuc dividere, a prima debemus reincipere, secundario vero e secunda, et tertio a tertia. ⁶ De dictis ergo quattuor semibrevibus, primae duae fient minores, hoc est duas de sex partibus continentes. ⁷ Et sic tales duae perficient unam primam partem primae divisionis temporis, quae est in tres.

β) DE QUINQUE

⁸ Quod si quinque semibreves pro tempore notentur, ut hic:

Ex. 31

tunc duae primae erunt minores, ratione dicta, quia de ratione primae est primo dividi, et duae secundae etiam erunt minores, quia de ratione secundi est secundo dividi. ⁹ Et praedictae quattuor mensurabunt duas partes primas primariae divisionis temporis, quae est in tres, quinta vero, eo quod finis, unam partem tertiam mensurabit.

γ) DE SEX

¹⁰ Si autem sex, puta ut hic:

Ex 32

---

⁵ ipsas *pro* illas BPRS   incipere *pro* reincipere M
⁷ perficient, ci *suprascr.* B   partem primam M   partem primam primae *corr.* B   est *om.* PR
β) De quinque *om.* MPRS
⁸ quandoque *pro* quinque PR   notentur pro tempore BPRS
Ex. 31: BPR, ••••• *in textu sine lineis* S
 Bc
tunc *m. rec. in marg.* B, *om.* PRS   secunde *pro* secundo R
⁹ quod *pro* quae R   quod est finis PR, est *del. m. rec.* B
γ) De sex *om.* MPRS
¹⁰ ut *om.* M
Ex. 32: BPR, •••••• *in textu sine lineis* S
 Bc

tunc omnes erunt minores, quia prima, secunda et tertia pars principalis, quae erat in tres partes, erit divisa in bis tres, et omnes simul mensurabunt aequaliter omnes primas tres partes temporis perfecti. [11] Et quia hoc quod dictum est, est via naturae, ideo omnes notae suprapositae in natura aequaliter figurentur, licet intendamus etiam ostendere via naturae quod habent quasdam proprietates per quas possunt ad sensum cognosci, quod ad invicem distinguantur in modo figurationis ipsarum; quod ostendemus in tractatu de proprietatibus et figurationibus earundem.

δ) [12] Et quia, ut dictum est, musicus intendit ad diversum modum armonizandi rationabiliter, inde est quod in dictis notis ipse musicus considerans diversum modum applicandi partes temporis perfecti, ut per ipsum faciat aliam armoniam quam consurgeret ex supradicto modo considerandi ipsas, aliter eas ad invicem componit, dans primae semibrevi notae de duabus duas partes temporis perfecti, secundae vero unam, ut dictum est; quod innuitur per additionem caudae ipsi notae, ut hic:

Ex 33

[13] Quod si prima semibrevis de tribus in deorsum caudatur, oportet nos ad secundam divisionem temporis transire, quae est in sex. [14] Cuius ratio est quia cauda addita ipsi semibrevi, aut aliquid necessario sibi addit, aut nihil; [15] si nihil, ergo frustra eidem additur; sed

---

in tres partes, partes *om.* BPRS   primas tres, tres *add. in marg. m. rec.* B, *om.* PRS
[11] supra positae S, s. possitae B   figurentur *corr.* B, figurantur PRS   sursum *pro* sensum BPR   ipsarum *corr.* B, temporis PR   ostendimus *pro* ostendemus PR
δ) [12] divisum modum *pro* diversum modum B, indivisum modum PR, diversos modos S   inest *pro* inde est S   divisum *pro* diversum B, aliter diversum *m. rec. in marg.*   ipsam *pro* ipsum R   alter *pro* aliter R   innuit *pro* innuitur MP   ipsius *pro* ipsi BPR

Ex. 33:   PR B, 7 *cum cauda in deorsum,*   (ter) *sine lineis* S   Bc
[13] si *corr.* B   secunda *pro* secundam B   quod *pro* quae BPRS
[14] ipsi *om.* M, semibrevi ipsi S   sibi necessario M   nulla *pro* nihil BPR
[15] nulla *pro* nihil BPR   Sed *in corr.* B

si addit, quantum ergo addit videamus. ¹⁶ Non tertiam partem temporis, quia tunc ipsa cum aliis sibi adiunctis, si ipsae duae indivisae remanerent, tempus excederet in mensura. ¹⁷ Oportet ergo quod ambae semibreves sibi adiunctae, vel ipsarum altera dividatur, ut quod dividitur ex ipsis, vel ex ipsarum altera, in ipsa caudata necessario includatur. ¹⁸ Ubi dicimus quod solum una debet dividi, quae quidem dividi debet in duas partes, quae sunt partes senariae divisionis. ¹⁹ Unam quarum partium addimus semibrevi caudatae, quia tunc habet tres de sex partibus temporis inclusive, indivisa semibrevi in divisione ternaria existente.

²⁰ Sed argues contra praedicta sic: Duae sequentes semibreves fient minores continentes tertiam partem temporis, et caudata duas, et sic habeo armoniam.

²¹ Respondemus: Sicut semibrevi primae de duabus caudatae in deorsum addimus unam partem illius divisionis in qua sumus, scilicet ternariae, et tunc habes duas, sic isti semibrevi caudatae de tribus debemus addere unam partem illius divisionis in quam oportet necessario nos transire, quae est senaria. ²² Et exemplificamus sic:

Ex 34

istae sunt tres notae, quarum prima longa est et duae sequentes sunt

---

si *om BPRS*   ergo addit, addit *om.* M
   ¹⁶ tunc *om.* S   adiunctas *pro* adiunctis R   scilicet *pro* si PR   duae *om.* M   excederent *pro* excederet M
   ¹⁷ igitur *pro* ergo M   ad invicem *pro* adiunctae P   ipsam B   alteri *pro* altera B, alteram S
   ¹⁸ quae sunt partes *om.* BPRS
   ¹⁹ semibreve *pro* semibrevi B   in divisa M   semibrevium *pro* semibrevi M   ternariae *pro* ternaria M
   ²⁰ sicut *pro* fient S   continentes *corr.* B   et *ante* caudata *om. in textu* B, et prima *add. in marg. m. rec.* B   habes *pro* habeo *corr.* B, PR, *reiec. c. c.*
   ²¹ Responsio ad praedicta *add. in marg.* B   in qua sumus *om.* BPRS   habes *in corr.* B, habet MS   sicut *pro* sic BPR   opportet S
   ²² exemplum *posuit post* breves M
   Ex. 34:   BPR,   *in textu sine lineis* S   novem *pro* tres BPR, *cum quo verbo concordat exemplum*   sunt breves, sunt *om.* M, breves *corr.* B

breves. ²³ Istae tres notae continent sex tempora brevia, puta sic quod prima perfecta est continens tria tempora, prima brevis unum, secunda duo: et sic sunt sex. ²⁴ Recte enim sic est in semibrevibus. ²⁵ Ponamus igitur tres semibreves, quarum prima caudetur in deorsum, ut hic:

Ex 35

²⁶ Istae tres necessario continent sex tempora semibrevia, ratione dicta de longa et de duabus brevibus. ²⁷ Prima semibrevis caudata continet tria tempora secundae divisionis, quae est in sex, prima sequens semibrevis naturalis unum, secunda vero duo. ²⁸ Et sic sex partes temporis secundae divisionis in talibus tribus semibrevibus sunt inclusae: exemplum de ipsis longa et brevibus ac de ipsis semibrevibus:

Ex 36

²⁹ Sed si mediae addatur cauda, ut hic:

Ex 37

---

²³ notae primae *pro* notae BPR   sit *pro* sic P   quia *pro* quod S   prima *om.* S   tempora *om.* M   secunda *om.* M   secunda *pro* prima M   tertia *pro* secunda M   et *om.* M   post sex *habent* et sic fiunt aliae quae cedunt BPR
²⁵ ergo *pro* igitur BPR

Ex. 35: PR B, 6 *in secundo spatio*, *in textu sine lin.* S   Bc

²⁶ continens *pro* continent P   ratio *pro* et ratione BPR, et *om.* S   data *pro* dicta P   de duabus, de *om.* M
²⁷ sequens *om.* M   semibrevi *pro* semibrevis BP   vero *om.* S
²⁸ sic *subscr. in marg.* B   tribus *om.* PR   sunt *om.* M   ipsa *pro* ipsis PR   brevibus *corr.* B   ac de ipsis semibrevibus *om.* BPRS   post semibrevibus *add.* ut hic patet PR, *add. et corr.* B

Ex. 36: BP, *praemittit notam longam in eadem linea* R, *in textu sine lineis* S; *bifarie exemplum dividit* M
²⁹ cauda addatur M   ut hic *om.* M   patet *add.* B

Ex. 37: *om. lineis vacuis* M, *cum 36 coniunxerunt* PR, *in textu sine lineis* S

Bc

111

tunc ipsa caudata de sex partibus senarii habet tres, ratione superius dicta, prima vero unam, ultima autem duas, eo quod finis.

³⁰ Si autem caudetur ultima, ut hic:

Ex. 38

tunc ipsa caudata tres partes senarii habet, ratione praedicta, prima vero unam, media autem duas, eo quod magis appropinquat fini.

ε) DUBITATIO UTRUM DE TRIBUS POSSINT CAUDARI DUAE

³¹ Sed posset aliquis dicere: Nunquid de tribus possum caudare duas, ut per ipsas omnes sex partes temporis mensurentur?

RESPONSIO: RATIO PROBABILIS AD PRAEDICTA

³² Respondemus quod non.

³³ Probatio: cauda addita talibus duabus, aut aliquid innuet ultra naturam suam, aut nihil. ³⁴ Si nihil, nihil fit tibi, quia frustra erit ibi; ³⁵ sed nihil est frustra, nec in natura, nec in arte. ³⁶ Si aliquid, tunc addet ambabus talibus caudatis ad minus unam de sex partibus temporis ultra quam habebant de natura sua; ³⁷ sed de natura sua

---

tres partes *pro* de sex partibus *BPRS*   senariae *pro* senarii *S, om. PR*   tres *om. BPRS*   superius *om. BPRS*   praedicta *pro* dicta *BPRS*   autem *add. in marg. B, om. PRS*, vero *M*

30 caudatur *pro* caudetur *PRS*

Ex. 38: *in textu M* ——— *BPR*, ••• *in textu sine lineis S*

——— *Bc*

senariae *pro* senarii *S*   propinquat *pro* appropinquat *M*   finy *P*

ε) Titulum *om. S*   Dubitatio *om. PR*   possunt *pro* possint *BPR*

31   Et *pro* sed *BPRS*   Nunquam *pro* Nunquid *PR*

Titulum *om. PRS*   Ratio *pro* Responsio *B*   probabiliter *pro* probabilis *M*

33   Probarem *pro* probatio *P*   aliquid innuet (*in marg.*) ultra *corr. B*   innuit *pro* innuet *PR*   nulla *pro* nihil *BPR*

34   nulla *pro* nihil *BPR*   sit tibi *pro* fit tibi *M*, tibi fit *B*, in fit *P*, tri sit *R*

35   nulla *pro* nihil *BPR*

36   habeant *pro* habebant *S*

quaelibet trium hebebat duas partes de sex; ³⁸ ergo, si alia pars addatur talibus caudatis, tales habebunt tres partes singulariter, et sic ipsae solae comprehendent sex partes temporis. ³⁹ Et tunc nota tertia erit frustra, vel frustra cauda in altera caudatarum. ⁴⁰ Non potest ergo de tribus semibrevibus nisi una caudari, modo superius demonstrato.

ζ) DE QUATTUOR

⁴¹ De quattuor vero possunt duae caudari; sed primo videamus quomodo una possit caudari de ipsis quattuor. ⁴² Ponantur ergo quattuor semibreves, quarum una caudetur, ut hic:

Ex 39

⁴³ De istis prima est caudata, et quia per tales quattuor possumus perfecte mensurare secundariam divisionem temporis in sex, non ultra dividendo ipsum tempus, tunc dicemus quod ex institutione auctoris musici per artem, ratione superius dicta, prima habet de sex partibus temporis tres, aliarum vero trium quaelibet habet unam.

η) CONTRADICTIO QUAEDAM AD PRAEDICTA

⁴⁴ Sed contradices sic: Dico quod prima quae est caudata de sex partibus temporis solum duas habebit, duae autem ipsam immediate sequentes duas, tertia vero duas, eo quod finis.

---

³⁷ quilibet *pro* quaelibet BR   partes *om.* M
³⁸ habent *pro* habebunt M
⁴⁰ declarato *pro* demonstrato M
ζ) De quattuor *om.* MPRS, *in marg.* B
⁴¹ vero *om.* S   possint *pro* possunt M   duo *pro* duae P
⁴² Ponamus *pro* ponantur BPR

Ex. 39: BPR, *in textu sine lineis* S

Bc

⁴³ quattuor *om.* BPR   secundaria *pro* secundariam BPR   divisione *pro* divisionem PR   quia *pro* quod BPR   primo *pro* prima P   temporis *m. rec. in marg.* B   sex *pro* tres PR   aliae *pro* aliarum BPRS
η) *Titulum om.* RS   ad praedicta *om.* M, *in marg.* P
⁴⁴ Et *pro* Sed BPRS   Dato *pro* Dico PR

SOLUTIO

⁴⁵ Licet finis semper dicat perfectionem, non tamen ita dicit ipsam quod dicat praeiudicium totius, sed perfectionem. ⁴⁶ Haec autem perfectio semper esse debet convenientiori modo quam fieri potest; ⁴⁷ sed convenientior modus est modus naturae quam modus artis in naturalibus; modus autem artis est convenientior in artificialibus quam modus naturae. ⁴⁸ Quia igitur talis caudatio fit ad arte plus quam a natura (nam secundum naturam nulla semibrevis continet nisi unam partem temporis, et secundum divisionem partium temporis via naturae), oportet nos notas multiplicare. ⁴⁹ Nam si dividatur tempus primariae divisionis in tres partes, oportet nos tres notas figurare tribus partibus respondentes. ⁵⁰ Et si in sex partes dividatur tempus secundaria divisione via naturae, sex notae figurabuntur sex talibus partibus respondentes. ⁵¹ Sed musicus per artem vult per quattuor, vel per quinque, vel per tres, ut dictum est, sex partes temporis mensurare. ⁵² Potest ergo per artem partes illas quae excedunt alias cuicunque vult applicare, ita quod applicando per viam artis excedat viam naturae. ⁵³ Non est ergo considerandum in aliqua nota via naturae quando musicus vult tales partes applicare per viam artis.

⁵⁴ Si ergo de quattuor notis efficiatur per artem unam continere tres partes temporis, cum standum sit in ceteris via naturae (quia in ipsis nihil fit per artem), dicendum est quod tres sequentes sint tres partes temporis continentes naturaliter.

⁵⁵ Et si dicatur: Possum caudare ultimam?

⁵⁶ Dicimus quod sic; et tunc ipsa continebit per artem tres partes

---

Solutio *om. RS, in marg.* P, huius *add.* B

45 dicat semper RS   non tamen... perfectionem *add. m. rec. in marg.* B, *om.* PR, *post* perfectionem habet habeant B

46 Haec autem *om.* B

47 *post* convenientior modus *add.* quam fieri potest PR   vero *pro* autem M

50 secundaria divisione tempus dividatur BPRS   senaria *pro* secundaria S   secundum notae *pro* sex notae *corr.* B   respondemus *pro* respondentes PR

51 per tres, per *om.* M   mensurate *pro* mensurare BP

52 Potest *corr.* B

54 effitiantur P   nulla *pro* nihil BPR   sit *pro* fit R   sit *pro* sint PR

55 Instantia *praemittit* B, Quaestio *in marg.* P   dices *pro* dicatur S

56 Solutio *praemittit* B

temporis de sex, et tres praecedentes unam singulariter de sex partibus temporis naturaliter continebunt. [57] Et sic dicimus de quacunque ipsarum quattuor cum caudatur, quia semper habet de sex partibus temporis tres, reliquis continentibus singulariter de sex unam.

ϑ) HIC QUAERITUR UTRUM DE QUATTUOR POSSINT CAUDARI DUAE

[58] Sed dicet aliquis: Possum caudare duas de quattuor, scilicet primam et ultimam, ut hic?

Ex. 40

[59] Dicimus quod ars non contradicit sibi ipsi. [60] Si autem velis per artem sex partes temporis cum quattuor semibrevibus mensurare et non plures, si quaelibet caudatarum tres partes temporis contineret, duae non caudatae necessario essent frustra. [61] Oportet ergo, ad debitam proportionem mensurae inveniendam in talibus per artem, quod solum quaelibet ipsarum duarum caudatarum duas de sex partibus temporis debeat continere; duae vero ceterae remanentes non caudatae duas alias naturaliter continebunt. [62] Et sic dicimus quod necesse est ponere, ratione immediate dicta, si duae de quattuor caudentur, quomodocunque sint ad invicem situatae, ut hic:

Ex 41

---

naturaliter *om.* M

ϑ) *Titulum om.* S Hic quaeritur *om.* PR possunt *pro* possint PR
[58] diceres *pro* dicet P, diceret R scilicet... ut hic *om.* S

Ex. 40: B, PR 4 *sine cauda,* *in textu sine lineis* S
[59] Responsio *praemittit* M
[60] continent *pro* contineret P vero caudatae *pro* non caudatae BPRS
[61] mensurare *pro* mensurae BPR inveniendum *pro* inveniendam BPR, inveniendae S per artem *om.* S quidlibet *pro* quaelibet P duarum *om.* M temporis *om.* M remanentes, nen *suprascr.* B
[62] dicamus *pro* dicimus M necessario *pro* necesse B rationem *pro* ratione BS dictam *pro* dicta S a diminucione *pro* ad invicem M

Ex. 41: BP, R 10 11 12 *uno tono inferius in* 12 *cauda, sed del.;* *in textu sine lineis* S

Bc

ι) HIC QUAERITUR UTRUM DE QUATTUOR POSSINT CAUDARI TRES

⁶³ Dicet enim aliquis: Nunquid de quattuor possunt caudari tres? ⁶⁴ Respondemus quod non. ⁶⁵ Cuius ratio est quia talis cauda, aut aliquid innuet additum ipsis tribus per artem, aut nihil. ⁶⁶ Si nihil, nihil tibi; si aliquid, tunc ad minus unam partem temporis addet per artem cuicunque caudatarum, et ipsae solae caudatae omnes sex partes temporis mensurabunt; et sic quarta non caudata erit ibi frustra, quod est impossibile et inconveniens. ⁶⁷ Impossibile est ergo quod de quattuor tres possint caudari, quomodocunque per artem caudentur.

ϰ) DE QUINQUE SEMIBREVIBUS QUAE ET QUOT POSSINT CAUDARI

⁶⁸ Sed videamus de quinque semibrevibus, quae et quot possint caudari.

⁶⁹ Dicimus enim quod primo prima, ut hic:

Ex. 42

⁷⁰ Et tunc ipsa caudata per artem duas partes de sex temporis continebit, quattuor vero sequentes in suis naturalibus partibus remanebunt.

ι) *Titulum om.* S   Hoc quaere *pro* hic quaeritur B, *om.* PR   possunt *pro* possint BR, possum P   caudare P

⁶³ Diceret *pro* Dicet PR   Nunquam *pro* Nunquid PR   possum *pro* possunt M   caudare *pro* caudari M

⁶⁴ Responsio *praemittunt* BM

⁶⁵ hiis *pro* ipsis BP, his R   per artem *om.* M   nulla *pro* nihil BPR

⁶⁶ nulla, nulla ter *pro* nihil, nihil tibi BPR, ter *corr. m. rec.* B   si autem aliquid, autem *del.* B   addimus *pro* ad minus P   ibi erit BPRS   imposibile B, *et infra*

⁶⁷ quocunque *pro* quomodocunque PR

ϰ) *Titulum om.* S   semibrevibus *om.* M   quae et quot *add in marg.* B, et quod *in textu del.*   possunt *pro* possint BR

⁶⁸ possunt *pro* possint R

⁶⁹ primo quod R

Ex. 42:   B, PR 4 *cum cauda in deorsum,*   *in textu sine lineis* S

⁷⁰ partibus *om.* M

⁷¹ Cuius ratio est quia non possumus dare notam, quae ad minus unam partem temporis non contineat in suo gradu naturaliter, aliter enim esset dare notam non cantabilem. ⁷² Quattuor ergo notae de quinque necessario quattuor partes temporis de sex naturaliter continebunt; caudata vero duas de sex partibus temporis continebit, nec ultra duas partes de sex poterit continere, quia tunc partes excederent suum totum. ⁷³ Et sic erit, quomodocunque de quinque per artem caudetur una, sive sit prima, sive sit una de mediis, ut hic:

Ex 43

⁷⁴ Ultimam vero caudare non potes.

⁷⁵ Probatio: quia talis cauda aut aliquid innuet additum ei per artem ultra suam naturam, aut nihil. ⁷⁶ Non aliquid, quia hoc esset addere eidem unam partem temporis de sex. ⁷⁷ Sed hanc habet a natura et in propria significatione etiam sine cauda, quia finis; nec addere potes ei tertiam partem temporis de sex per artem, cum quattuor sint notae praecedentes continentes quattuor partes de sex: talis enim caudata cum eis efficeret septem partes, et sic excederet tempus perfectum, quod non est divisum nisi in sex partes.

λ) QUAESTIO UTRUM DE QUINQUE POSSINT CAUDARI DUAE

⁷⁸ Sed quaeritur: Nunquid de quinque possum duas caudare, ut hic?

---

⁷¹ alias *pro* aliter M   duas de sex partes *pro* duas de sex partibus BPS, duas partes de sex R   excederet *pro* excederent S

⁷³ de quinque *om.* M   primis *pro* mediis S

Ex. 43: [notation] BP, R 13 *cum cauda*, 14 *sine; ut* M, *in textu sine lineis* S [notation] Bc

⁷⁵ innuet, e *suprascr.* S   ei additum M,   additam *pro* additum BPRS   nulla *pro* nihil BPR

⁷⁶ Si *pro* non S   quia *om.* S   hoc *suprascr. m. rec.* B, *om.* PR

⁷⁷ figuratione *pro* significatione M   etiam *om.* R   *post* finis *add.* est BPR   sint *m. rec. in marg.* B, *om.* PR, *post* praecedentes *habet* S   cauda *pro* caudata P   ipsum *pro* tempus M

λ) *Titulum om.* PRS, Instantia *habet* B

⁷⁸ de quinque nunquid S   caudare duas S

Ex. 44

⁷⁹ Dicimus quod non, ratione immediate dicta. ⁸⁰ Et hoc intellige existendo in secunda divisione temporis, quae est in sex; nam ipsas bene posses sic caudare existendo in tertia divisione temporis, ut infra clare patebit. ⁸¹ Tales enim duae, secundaria divisione, duas de sex partibus temporis singulariter continerent, reliquae vero tres naturaliter habent tres. ⁸² Et sic ex dictis duabus caudatis et tribus non caudatis consurgerent septem partes temporis. ⁸³ Si vero tres essent caudatae, consurgerent octo partes. ⁸⁴ Et tunc partes semper excederent suum totum in mensurando, quod est impossibile et inconveniens in musica, ipsi mensurabili musicae contradicens. ⁸⁵ Impossibile est ergo quod de quinque possint caudari nisi una sola, secunda divisione, quae est in sex; quae quidem caudata cum reliquis quattuor, sex partes temporis mensurabit.

30d NOTABILE CIRCA PRAEDICTA

¹ Sed notandum est quod de omnibus caudatis supradictis, musicus per viam artis semper minus addit ei, quae est a parte finis, quam ei, quae est a parte principii. ² Cuius ratio est quia, eo quod finis, plus habet de naturali perfectione in mensurando, ratione su-

---

Ex. 44: [music] BPR, [music] *in textu sine lineis* S
⁷⁹ Responsio *in marg.* B   ratione *corr.* B
⁸⁰ in divisione secunda B, in tercia divisione PR   in divisione... patebit *add. m. rec.* B   quae est... patebit *om.* PR   clare *om.* M, clarius B
⁸¹ Tales... singulariter *add. m. rec.* B   secundariae *pro* secundaria P   contineret *pro* continerent M, continebit S   haberent tres *pro* habent tres *corr.* B
⁸³ essent, n *suprascr.* B
⁸⁴ semper *om.* M
⁸⁵ enim *pro* ergo R   secundaria *pro* secunda R   cum reliquis *om.* S

B 66r   M 94r   P 78   R 83r   S 74r
Titulum om. PRS
30d ¹ musicis *pro* musicus BPR   addit ei caudam BPRS
² eo quod *om.* S

perius dicta, et ideo minus indiget adiutorio artificis ad mensurandum tempus. ³ Et arguitur sic.

⁴ Quia illud quod plus habet de perfectione naturae in mensurando, minus indiget adiutorio artificis ad perficiendam mensuram, quam illud quod minus habet. ⁵ Et haec sunt vera ad sensum; nam ad mensurandum sex ulnas, plus habet de perfectione linea quinque ulnarum, quam linea trium, et ideo ipsa minus indiget adiutorio artificis ad extendendum ipsam, quam linea trium. ⁶ Sed quaelibet notarum ex parte finis plus habet de perfectione ad mensurandum tempus via naturae, quia continet duas de sex partibus temporis. ⁷ Quae vero est a parte principii, solum continet unam. ⁸ Et ideo artifex in caudando ipsam quae est a parte finis, solum addit ei unam partem temporis de sex; ⁹ in caudando vero illam quae est a parte principii, addit duas. ¹⁰ Et hoc dicimus esse patens in quattuor et in quinque.

¹¹ Nam si de quattuor nulla caudatur, semper illae quae sunt a parte finis plus continent de perfectione (quia duas de sex partibus temporis pro qualibet habent) quam illae quae sunt a parte principii, quae solum continent duas alias simul. ¹² Et ideo caudando aliquam ultimarum, non addimus nisi unam partem temporis de sex; caudando vero aliquam de primis, addimus duas. ¹³ Et sic est de quinque. ¹⁴ Et hoc universaliter verum est quod semper caudando aliquam de illis quae sunt a parte finis, semper minus addimus, quam caudando aliquam de illis quae sunt a parte principii.

---

⁴ Argumentum *praemittit* M, *in marg.* B   id *pro* illud S   quod *om.* P   vera *pro* naturae R   de adiutorio BPR

⁵ est *om.* BPRS   sursum *pro* sensum BPR, *in marg. add.* sensum B   mensuram dum *pro* mensurandum P   *post* perfectione *add.* naturae BPRS   quinta *pro* quinque S *in textu, suprascr.* quinque   de adiutorio BPR   nota *pro* linea (*in fine*) S

⁶ quae *pro* quia M

⁸ cantando *pro* caudando BMP

⁹ in *add. m. rec.* B, *om.* PRS   cantando *pro* caudando *corr.* B. MPR

¹⁰ partes *pro* patens PR

¹¹ similiter *pro* simul M

¹² ultimam *pro* ultimarum BPRS   caudando *corr.* B

¹⁴ hoc *om.* M   naturaliter *pro* universaliter PRS, B *in textu, add.* universaliter *in marg. m. rec.*   caudando *bis corr.* B

¹⁵ Sed notandum est quod id quod dictum est de cauda addenda semibrevi, usque hic intelligendum est de cauda protracta in deorsum. ¹⁶ Cuius ratio est quia, quando additur aliquid alicui, illud semper perficitur per illud quod additur; nam ex quo additur, prius non habebat ipsum, et sic habet plus quam prius habuerit. ¹⁷ Musicus ergo, quando addit partem temporis alicui notae per artem, quam non habebat via naturae, certum est quod perficit ipsam ultra naturam suam. ¹⁸ Debet ergo ei tale signum addere, quod innuat talem perfectionem et non imperfectionem. ¹⁹ Sed superius est ostensum in tractatu de caudis, quod cauda in deorsum innuit perfectionem, et quae in sursum, imperfectionem. ²⁰ Ergo, cum usque huc de semibrevibus sit ostensum quod musicus per artem semper perficit ipsas (quam perfectionem per caudam innuit), intelligendum est ergo quod tales notae sic caudatae per musicum, caudari debeant in deorsum.

30e   DE SEX

¹ Si autem dentur sex semibreves, sex partes temporis continebunt, et hoc erit via naturae.   ² Et tunc totum adaequabit partes, et partes totum, et hic erit naturalis mensura.

³ Sed quaeritur: Nunquid de sex potest aliqua caudari, innuendo unam perfectionem aliam tamquam plures partes temporis continentem?

---

15   Notabile circa praedicta *praemittit* B   id quod *om.* BPR   dictu *pro* dictum R   que *pro* usque S
16   quod *pro* quia S   per id *pro* per illud S   habet *pro* habebat BPR   prius *om.* S
17   vero *pro* ergo BPR   alicuy B
18   tale signum ei BPR   addi *pro* addere PR
19   quod in cauda, in *corr.* B   in deorsum, in *suprascr. m. rec.* B, *om.* PR
20   hic *pro* huc BPRS   sit de semibrevibus sic ostensum R   quam *om.* S   cauda *pro* per caudam BPRS

B 67r   M 94v   P 79   R 84r   S 75r
Titulum ego, non habent cdd.
30e 2   haec *pro* hic BR, hoc PS   mensura *corr. ex* mensurae S
3   Quaestio *praemittit* BP   Sed *corr.* B   quaeretur *pro* quaeritur *add. in marg. m. rec.* B, M, quaerens P   una *pro* unam PR   perfectione *pro* perfectionem P   tamquam *corr. ex* eamque *fort. m. rec.* B, eamque PR, ea que S   con-

⁴ Dicimus quod non, nisi procedatur ad tertiam divisionem ipsius temporis, quae erit dividere iterum sex partes temporis in alias sex, quae facient duodecim.   ⁵ Et tunc via naturae esset dare duodecim semibreves, quae minimae vocarentur.

⁶ Sed videndum est quare per sex, via naturae, non possumus duodecim partes temporis mensurare, ipsas uniformiter figurando.   ⁷ Et tunc dicimus quod quaelibet talium duas partes de duodecim temporis continebit.

⁸ Respondemus quod via naturae, sive naturaliter, quaelibet nota figuratur ad unam partem temporis mensurandam, et non plures, nisi ipsa sit finis; et tunc de necessitate finis plus semper continet, ut supra ostensum est.

⁹ Probatio huius: nota aut aliquid innuit de tempore naturaliter, aut nihil.   ¹⁰ Si nihil, nihil fit; si aliquid, aut unam solam partem, aut plures, aut totum;   ¹¹ non totum, quia non indigeremus nisi una nota ad mensurandum, quod reprobatum est.   ¹² Si plures quam unam, des mihi notam primam partem temporis de tribus essentialiter continentem.   ¹³ Dare non poteris, quia de ratione cuiuslibet notae, secundum te, est plures partes temporis continere.   ¹⁴ Et sic tres partes temporis per tres, nec per duas notas unquam poterunt mensurari,

---

tinet *pro* continentem S
 ⁴ Responsio *praemittunt* BP iterum dividere BPRS et facient *pro* quae facient M, faciunt *pro* facient BPRS
 ⁵ vocarentur *corr.* B, vocaverunt PR
 ⁶ Instancia *praemittit* B, Instamus P
 ⁷ dicemus *pro* dicimus *corr.* B temporis *suprascr.* R
 ⁸ Responsio *praemittunt* BP mensurandam *corr.* B, mensurandi S de *suprascr.* B neccessitate P finis *om.* M
 ⁹ Probatio huius *om.* PRS tunc *pro* aut P, autem R innuet *pro* innuit PR nulla *pro* nihil BPR
 ¹⁰ nulla nulla *pro* nihil nihil BPR sit *pro* fit M
 ¹¹ aut *pro* non RS
 ¹² una *pro* unam B esscentialiter B
 ¹³ poterit *pro* poteris P secundum te *om.* S, sed spatium vacuum est plures quam unam, quam unam *del.* B
 ¹⁴ Et sic *add. in marg.* B per duas, per *om.* M nunquam *pro* unquam P

quia si per duas, oportebit alteram ipsarum duas partes habere, alia nota necessario unam essentialiter et naturaliter continente, quod est contra te: ¹⁵ primo, quia tu dicis unam non posse nisi plures partes temporis continere, et tamen das unam de duabus unam solam partem temporis continentem. ¹⁶ Et ultra hoc dicis quod illa quae continet duas partes indiget auditorio artificis, hoc est signo artificiali quod hic innuit quod quidem hoc non habebat a natura. ¹⁷ Ergo, cum per tales tres uniformiter figuratas, nec per duas nec per unam ipsarum non possemus tres partes temporis mensurare, si esset de natura notae plures partes temporis continere, relinquitur per locum ab oppositis, quod de ratione cuiuslibet notae sit naturaliter solum unam partem temporis continere, artificialiter vero plures. ¹⁸ Dicimus ergo quod sex notae naturaliter non possunt duodecim partes temporis mensurare, sed solum sex; artificialiter vero possunt. ¹⁹ Et sic responsum est ad immediate quaesitum.

²⁰ Sed quomodo artificialiter, videamus. ²¹ Sciendum est quod, si tempus dividatur in partes duodecim, tertia divisione oportet necessario, ut per scriptum possimus et debeamus praedictas duodecim partes temporis per duodecim notas rationabiliter figurare. ²² Et ideo oportet quod in musica dentur duodecim notae, praedictis duodecim partibus temporis respondentes. ²³ Et ad hoc, ut sciatur quando tempus debeat mensurari tamquam in duodecim partes divisum, aut tamquam in sex, vel in tres, est sciendum quod tempus perfectum, ex quo totum men-

---

poterit *pro* poterunt M   sic *pro* si BP   continentem *pro* continente R, continere S   est *add. in marg.* B

¹⁵ quia *om.* S   tu *om.* BPRS   ducte *pro* dicis P   continere *pro* continentem B *fort.*, S

¹⁶ signum *pro* signo BPR   artificiale *pro* artificiali PR   hic *corr.* B, hoc M, *om.* S   quidem *om.* S

¹⁷ relinquetur *pro* relinquitur S   per locum *om.* BPRS   solam *pro* solum M   non *pro* vero PR

¹⁸ naturaliter sex notae R   non *pro* vero PR

²¹ possumus *pro* possimus P

²² praedictis *corr.* B

²³ aut *pro* vel in S

suratur a quibuscunque notis, mensuratur secundum quamlibet partem sui. ²⁴ Et ratio sic formatur: Illud quod mensurat aliquid perfecte, necessario mensurat ipsum secundum quamlibet partem sui; aliter non mensuraret ipsum perfecte; ²⁵ sed tempus perfectum mensuratur a tribus notis totum, et a sex, et a doudecim, et ab omnibus breviter notis continentibus quamlibet partem sui; ²⁶ ergo tam tres, quam sex et quam duodecim, et quam plures et pauciores notae figurantur secundum rationes superius allegatas, mensurantes ipsum tempus perfectum, oportet quod mensurent ipsum secundum quamlibet partem sui. ²⁷ Sed ista est differentia, quod quidquid mensurant plures notae explicite, totum mensurant pauciores implicite; ²⁸ nam de ratione totius divisibilis est quod tantum in se contineant partes pauciores implicite, quantum plures continent explicite: ²⁹ sicut tres partes lineae, in quas dividitur tota linea, tantum continent implicite, quantum facerent duodecim explicite, si in duodecim divideres ipsam. ³⁰ Tantum ergo mensurant de partibus temporis perfecti implicite tres vel sex notae, quantum duodecim explicite.

³¹ Sed dicet aliquis: Quando potest agnosci quod tres vel quattuor vel plures notae mensurent ipsum tempus secundum duodenariam vel senariam divisionem? ³² Nunquid hoc scietur per diversam figurationem notarum absque alterius proprietatis additione?

---

²⁴ id *pro* illud *BS*   perfecte, fecte *add. in marg. B*   alias *pro* aliter *M*   mesuraret *R*   eum *pro* ipsum *S*
²⁶ tan *pro* tam *B*, quam *PR*   et quam, et *om. R*   mensuretur *pro* mensurent *BPR*
²⁷ differentiam *B*   quia *pro* quod *S*   mensurantur *pro* mensurant *B*, ur *add. m. rec.*   mensurat *pro* mensurant (*in fine*) *PR*
²⁸ non *pro* nam *R*   nam... implicite *om. S*   plures *om. R*   continent *om. M*
²⁹ dividatur *pro* dividitur *BPRS*   tantum *corr. B*
³⁰ mensurat *pro* mensurant *S*   perfecti *om. M*
³¹ Instantia *B, in marg. P*   diceret *pro* dicet *PR*   Quando *corr. B*, quomodo *PR*   aut plures *pro* vel plures *S*   divisionem vel senariam *M, reiec. c. c.*
³² adiunctione *pro* additione *S*

[33] Dicimus quod non; cuius ratio est quia de ratione notae semibrevis, ut semibrevis est, non est aliud nisi solam partem, quaecunque sit illa, vel solum plures partes, quaecunque sint illae, et non totum tempus integraliter, mensurare. [34] Deficiat enim, quomodocunque velit, a tota mensuratione temporis, semibrevis nota est. [35] Si ergo sunt solum tres semibreves vel duae, non possunt simpliciter figurari, ratione superius dicta, nisi tres partes temporis mensurarent, totum ipsum tempus integraliter continentes. [36] A tribus vero usque ad sex non potest tempus ipsum mensurari nisi per senariam divisionem, ut superius est ostensum. [37] Et sufficit numerus notarum ad cognoscendum quando tempus mensuratur ternaria divisione vel senaria. [38] Et sic non oportet quod a tribus usque ad sex notas fiant in eis diversae figurationes, ut cognoscatur quando per tales notas tempus mensuretur per tres, vel sex partes eius; notas dicimus uniformiter figuratas. [39] Sed ad cognoscendum quando tempus mensuretur per notas secundum duodecim partes distinctas, non sufficit numerus notarum, nisi essent duodecim notae, duodecim partes temporis innuentes. [40] Et quia totum quicquid mensurant pauciores notae quam duodecim de partibus temporis, oporteret quod hoc facerent implicite, et non explicite, quod est de natura notarum tres vel sex partes temporis mensurantium (nam, ut dictum est, quae mensurant tres explicite, vel sex partes temporis, ipsum totum continentes, mensurant etiam duodecim vel plures implicite); [41] ideo oportet quod in notatione talium figurarum, ut videatur quomodo et

---

[33] Responsio *praemittit* B   est non aliud BPRS   solas partes *pro* solam partem BPR, sola pars S   plures partes solum M   intelligitur *pro* integraliter BPRS

[34] deficiet *pro* deficiat B, defficiat R, defici S *cum duarum litterarum spatio vacuo et cruce in marg. signata*   quocunque *pro* quomodocunque PR   a tota *corr.* B, a nota R   temporis *bis script.* M   nota est *om.* S

[35] figurare *pro* figurari M   mensurent *corr.* B, mensurare MS

[36] ipsum *add. in marg.* B

[37] ad cognoscendum *m. rec. in marg.* B

[38] fiant... tales notas *om.* S   fiant *corr.* B, fieri R   vel per sex PR

[39] distinctum *pro* distinctas M, distantes S, aliter distinctum *in marg.* B   numero *pro* numerus P

[40] totum *om.* S   quod *pro* quicquid BPRS, aliter quicquid *in marg.* B   mensurat *pro* mensurant PR   notas *pro* notae R   opporteret S   mensurantium... partes temporis *om.* M   quod *pro* quae S   explicite vel sex tres BR   mensurant et *pro* mensurant etiam M

quae notae contineant partem vel partes aliquas de duodecim explicite et quae implicite, quoddam signum tales essentias notarum innuens esse distinctas, necessario in ipsarum altera apponatur, ut intelligatur nota tale signum hebens, sive sit una vel plures, unam de duodecim partibus temporis mensurare, altera quae plures partes de duodecim mensurat in suis naturalibus existente. [42] Et per haec cognoscantur ad invicem esse distinctae, et tale signum in talibus semibrevibus apponimus dicentes quod nota semibrevis, sive sit una de quattuor, sive de quinque, sive de pluribus, quae caudam in sursum habet, in directum, solum duodecimam partem temporis continet expressive, ut hic:

Ex. 45

[43] Et cum aliis posita remanentibus in suis naturalibus, cum tales partineant ad senariam divisionem, quoad significationem (licet forte non quoad numerum), ideo dicimus quod nota cum praedicta cauda in sursum dicet duodecimam partem temporis; reliquae vero sine ipsa cauda dicent reliquas partes, modo quo inferius declarabitur, inclusive et non expressive. [44] Et quia hoc faciebant notae pertinentes ad ternariam divisionem, vel ad senariam, ideo non oportet quod (licet sint plures notae quam tres, vel quam sex iunctae aliquibus figuratis cum cauda in sursum) aliter figurentur quam notae mensurantes ternariam vel senariam partem temporis inclusive; nisi velles praeter ordinem naturae per artem unam excedere aliam in valore. [45] Et tunc oportet

---

[41] explicite *add. in marg.* B, explicitis R   quod quoddam M   distantes *pro* distinctas S   una *pro* unam BPR   temporis *om.* R   mensurate *pro* mensurare P   in suis *om.* S

[42] Ut *pro* Et S   sive de quinque *om.* S.   duodecim *ante* quattuor *del.* B   habet in sursum S   temporis *om.* S   continet temporis BPR   et hoc est *pro* ut hic BPRS

Ex. 45:   BP, *om.* S

[43] alii *pro* aliis S   significationem, gni *in marg.* B   cauda vel plures in sursum, vel plures *del.* B   dicit PRS, *corr.* B   reliqua *pro* reliquae S   dicet *pro* dicent PS

[44] non pertinentes BPR, non *suprascr.* B   quod licet quod S   quam sex, quam *om.* S   tertiam *pro* ternariam S   post *pro* praeter M   per unam artem P   alteram *pro* aliam S

quod in excedente signum artis ponatur, quod est cauda in deorsum, ut est superius demonstratum.

⁴⁶ Sed dicet aliquis: Nunquid secundum vestras fantasias et pro vestro libito voluntatis, nulla ratione moti, dicitis quod nota quae debet solum duodecimam partem temporis mensurare, caudam debet habere in sursum?   ⁴⁷ Nunquid posset ipsam habere in latere, vel aliter, sicut voluissetis?

⁴⁸ Dicimus quod non: sed solum hoc dicimus et ponimus ab ipsa ratione coacti, et tamquam in hac scientia solum ratione utentes; alias anim nullam scientiam traderemus.   ⁴⁹ Et ratio nostra ista est: nam, sicut demonstratum est superius in tractatu de caudis, cauda in sursum semper innuit imperfectionem in nota;   ⁵⁰ sed imperfectius est mensurare unam de duodecim partibus temporis esclusive, quam plures inclusive;   ⁵¹ ergo notis sic imperfecte mensurantibus debuit rationabiliter signum imperfectionis addi, ut cognoscerentur distinctae in essentia ab aliis quae mensurant plures partes temporis inclusive.   ⁵² Et tale signum rationabiliter debuit esse cauda in sursum, eo quod tale solum signum dicit imperfectionem.

30f III. DE TERTIA DIVISIONE TEMPORIS IN DUODECIM

¹ Nunc igitur restat videre quomodo et quibus notis et quantis nota, quae habet caudam in sursum, innuens ipsam solum duodecimam

---

⁴⁵ ut est, est *om.* S

⁴⁶ Instantia *praemittit* B   diceret *pro* dicet PR   Nunquam *pro* Nunquid PR   secundum *suprascr.* B   vestram fantasiam S   modi *pro* moti R   dicitur *pro* dicitis P   quia *pro* quod B   et caudam debet BPRS

⁴⁷ Nunquam *pro* Nunquid P   in latere *om.* S

⁴⁸ Solutio *praemittit* B   et ponimus *om.* S   hac tali scientia BPR

⁴⁹ determinatum *pro* demonstratum BPR

⁵⁰ incluxive P

⁵¹ ergo *corr.* B   imperfectionis *om.* BPRS, perfectionis *add. in marg. m. rec.* B   cognoscantur *pro* cognoscerentur M   hiis *pro* aliis M   inclusum *pro* inclusive BPRS

⁵² solum *in marg.* B, *om.* PR   solum tale S

B 69v   M 95v   P 81   R 87r   S 76v

III. *Titulum ego, non habent cdd.*

30f ¹ ergo *pro* igitur BPR   et quomodo S   cauda *pro* caudam S   solam partem temporis continere, quomodo pluribus et quomodo paucioribus aliis notis semibrevibus possit adiungi.

α) ² Et primo quaeritur: nunquid una nota cum signo in sursum cum alia naturali possit duodecim partes temporis mensurare per artem vel per naturam, ut hic:

Ex. 46

³ ita ut sic dicamus quod talis caudata in sursum duodecimam partem temporis continebit, reliqua, eo quod finis, undecim inclusive partes temporis continente.

⁴ Respondemus quod non, quia nulla semibrevis nota plus potest continere etiam inclusive de partibus temporis, quam faciat in ternaria divisione, sive sit ultima per viam naturae, sive sit prima per viam artis. ⁵ Sed nulla nota, sive per viam naturae, sive per viam artis, potest in ternaria divisione nisi duas partes ipsius temporis continere, quae faciunt octo in duodenaria divisione temporis exclusive. ⁶ Non possumus ergo nec undicim, nec decem, nec novem partes temporis alicui notae attribuere inclusive, quia hoc esset excedere et artem et naturam, sed solum octo ad plus; et sic patet quaesitum.

β) ⁷ Secundo quaeritur: nunquid una de mensurantibus duodecimam partem temporis, addita duabus naturalibus per artem vel naturam, pos-

---

pro solum *BPRS* temporis *add. m. rec. in marg. B* pluribus notis *S* semibreve *pro* semibrevibus *BP,* semibreves *R* possint *pro* possit *BPRS*
α) ² quaeritur *corr. B,* quaereretur *R, add.* Quaestio *B* de duodecim *pro* duodecim *add. in marg. B, om. PRS* per naturam, per *om. BPS*

Ex. 46: *B in textu, R, P 1 et 2 in tertia lin.,* *in textu sine lin. S*

³ si *pro* sic *M* continentes *pro* continente *BPR,* continens *S*
⁴ Solutio *praemittit B* nulla *om. PR* semibreve *pro* semibrevis *BP,* aliter semibrevis *in marg. B* etiam *ante* continere *add. in marg. B, om. PRS*
⁵ nota *om. S* *post* artis *add.* Sed nulla racione nota sive per viam naturae sive per viam artis *PR*
⁶ Nam *pro* non *PR* nec novem *om. S* alicui *corr. B,* alteri *R* sic *om. P* quaesitam *pro* quaesitum *R*
β) ⁷ Quaestio *praemittit B* nunquam *pro* nunquid *PR*

sit duodecimam partem temporis mensurare, ut hic per naturam:

Ex. 47

vel hic per artem:

Ex. 48

⁸ Dicimus quod sic; nam duae naturales sub ternaria divisione cadunt temporis, quarum quaelibet unam partem principalem de tribus partibus temporis continebit.   ⁹ Et si hoc sit finis in naturalibus notis, continebit in duplo, eo quod finis.   ¹⁰ Si autem sit in principio, aliqua naturalis continebit in duplo per artem, quod erit continere quattuor de partibus temporis naturaliter, et octo, si sit finis vel principium per artem.   ¹¹ Naturaliter ergo potest altera caudatarum in sursum, adiuncta duabus naturalibus, duodecim partes temporis mensurare, ita ut dicatur quod talis contineat unam partem de duodecim, et ea quae est in principio naturalium tres, quae autem in fine octo, ut hic:

Ex. 49

¹² Per artem vero potest ea quae est in principio octo partes temporis continere; et tunc ea quae erit in fine naturalis, tres continebit,

---

Ex. 47:   *B in textu, PR,*   ♦♩♦ *in textu sine lin. S*

Ex. 48:   *B in textu, P, R 6 cum cauda in sursum,*   *in textu sine lin. S*

⁸ Solutio *praemittit* B   fit *pro* sic P   partibus *in marg. m. rec.* B, *om.* PRS   temporibus *pro* temporis S

⁹ haec *pro* hoc BPR

¹⁰ principium *pro* principio BPR   continere in quattuor P   si sit, si *om.* BPRS, sic R

¹¹ potest ergo M   caudarum *pro* caudatarum R   continue aut *pro* contineat PR   est *pro* sunt M

Ex. 49:   *B in textu cum cauda in 4, PR cum c. in 4 et 7,* ♩♦♦♩♦ *in textu sine lin. S*

¹² vero *om.* S   et *om.* BPRS   erat *pro* erit M   naturales *pro* naturalis BPR   tres partes temporis continebit S

ut hic:

Ex. 50

γ) ¹³ Tertio quaeritur: nunquid nota mensurans duodecimam partem temporis possit tribus naturalibus adiungi, ut ex inde consurgat debita proportio mensurandi.

¹⁴ Dicimus quod sic, et via naturae et via artis, ut hic:

Ex. 51

¹⁵ Ubi primo est sciendum quod si aliqua nota de natura sui habet aliquam perfectionem, et alia nota adiuncta sibi faciat ipsam minoris perfectionis, proportionem mensurandi servando, sive via artis, sive via naturae, talis nota debet esse immediate adiuncta illi, quae facit ipsam imperfectam, sive ante, sive post. ¹⁶ Cuius ratio est quia facit ipsam minoris perfectionis dividendo aliquid ab ea; ¹⁷ sed omne quod dividit aliquid ad aliquo, sive via artis, sive via naturae, de necessitate oportet immediate esse adiunctum sibi; ¹⁸ talis ergo nota faciens aliam minoris perfectionis debet esse immediate addita sibi, aut a parte ante, aut a parte post, secundum convenientiorem modum in tempore mensurando.

¹⁹ Secundo est notandum circa praedictam figuram et sequentes quod tres notae naturales complete mensurent divisionem ternariam. ²⁰ Si ergo aliqua addatur eis, esset de superfluo quoad divisionem ternariam mensurandam. ²¹ Oportet ergo quod tres adiunctae, vel

---

Ex. 50: B in textu, PR, in textu sine lin. S

γ) ¹³ Quaestio *praemittit* B   nunquam *pro* nunquid PR
¹⁴ Solutio *praemittit* B   via artis, via naturae BPR, alterum via *corr.* B

Ex. 51: B in textu, PR, in textu sine lin. S

¹⁵ primo *om.* S   sciendum est S   talis *om.* BPR   perfectam *pro* imperfectam P   potest *pro* post BPRS
¹⁶ aliquam *pro* aliquid S   sibi *corr.* B
¹⁸ convenientem *pro* convenientiorem S
¹⁹ Notabile *praemittit* B, *corr. ex* nonabile   mensurant *pro* mensurent BPR
²⁰ contra de *corr. in marg.* B   mensurandi *pro* mensurandam S
²¹ Oportet *corr.* B

plures, usque ad sex naturales, cum aliqua vel aliquibus mensurantibus partem temporis secundum divisionem duodenariam, cadant, in mensurando tempus, secundum divisionem senariam.   [22] Et quia qui mensurat unam de sex inclusive, necessario mensurat duas exclusive, et qui mensurat duas de sex, necessario mensurat quattuor de duodecim, igitur tales notae naturales adiunctae cum illis aliis, ex natura sua dicent duas de sex partibus temporis, vel quattuor, si sint finis.   [23] Si vero non sint finis, non mensurabunt nisi duas naturaliter de sex, quattuor vero per artem: quae omnia in infrascriptis figuris clarius apparebunt.

[24] Ad primum ergo quaesitum de tribus naturalibus adiunctis cum una duodecimam partem temporis mensurante, dicimus quod consurgit debita proportio mensurandi; nam prima, vel secunda, vel tertia, vel quarta, si caudetur in sursum, immediate sequens (si ipsam caudatam nulla praecedat), vel immediate praecedens (si ipsam alia praecedat), habebit tria tempora de duodecim, quod est unum et dimidium de sex, reliquis in naturalibus remanentibus: hoc est, quod reliquae habebunt duas de sex partibus temporis, quod est quattuor de duodecim continere, ut hic:

Ex. 52

vel hic:

Ex. 53

---

[22] inclusive *add. m. rec. in marg.* B   duas *om.* BPR   exclusive... sex necessario mensurat *om.* BPRS   quattuor *corr.* B, *om.* S   notae *om.* S   sit *pro* sint BPRS

[23] sit *pro* sint BPRS   in *om.* BP   scriptis *pro* infrascriptis S   apparebunt, ar *suprascr.* B

[24] mensurantem *pro* mensurante BPR, mensurare S   si caudetur, si *om.* S, caudatur BPR   unam *pro* unum BPRS

Ex. 52:   B *in textu*, R, P 8 *in secundo spatio*, ♩••• *in textu sine lin.* S

vel ut hic S

Ex. 53:   B *in textu*, PR, •♩•• *in textu sine lin.* S

vel hic:

Ex. 54

vel hic:

Ex. 55

δ) ²⁵ Quarto quaeritur: Si duae caudentur in sursum, et duae non, nunquid per eas poterit tempus secundum partes duodecim mensurari?

²⁶ Dicimus quod sic, si sint duae contiguae a parte ante, ut hic:

Ex. 56

²⁷ Nam tunc duae sequentes non caudatae ita se habebunt, quod immediate adiuncta caudatis, duas de duodecim (quod est unam de partibus senariae divisionis) continebit, fine habente octo, eo quod finis duarum naturalium, de cuius ratione est posse duas de tribus partibus temporis inclusive, et quattuor de sex, et octo de duodecim continere.

²⁸ Si autem caudentur duae ex parte post, duabus autem aliis remanentibus non caudatis, ut hic:

Ex. 57

tunc duae caudatae non accipient ab immediate praecedente, eo quod finis; nam tunc de ratione finis non esset perfectio plenaria, quod semper est de ratione eius, scilicet quod omnis perfectio consistat in fine, in quo ultima proportionis ratio et complementum plenarie invenitur, ut supe-

---

vel ut hic S

    Ex. 54:   *B in textu, PR,* ••♩• *in textu sine lin. S*
vel hic *om. BPRS*   Exemplum 55 *om. BPRS*

    δ) ²⁵ Quaestio *praemittit B in textu et in marg.*   nunquam *pro* nunquid P   ea *pro* eas PRS   poteris *pro* poterit P

    ²⁶ si sint *corr. B*   ut hic patet BPR

    Ex. 56:   *B in textu, PR,* ♩♩•• *in textu sine lin. S*

    ²⁷ habent *pro* habebunt P   quod immediate, quod *om. S*   est unam, est *om. M,* una S   finem *pro* fine BPR   ratio *pro* ratione B

    ²⁸ postea *pro* post BPRS   autem *om. MS*   illis *pro* aliis BPR

    Ex. 57:   *B in textu, PR,* ••♩♩ *in textu sine lin. S*
omnis *om. M*

rius est ostensum. ²⁹ Accipient ergo a prima, sed hoc est impossibile; nam quod dividit aliquid ab aliquo, vel componit cum eo, oportet necessario esse adiuctum ei; ³⁰ sed tales duae cum prima non essent adiunctae; ³¹ non possent ergo aliquid componere vel dividere cum ea naturaliter, nisi per supplementum artis; et tunc caudetur prima in deorsum, et habebit octo partes, et alia duas et caudatae in sursum, duas.

³² Sed dices: Non oportet quod ultima caudetur, eo quod finis?

³³ Dicimus quod immo; nam duae caudatae in sursum oportet, per regulam superius datam, quod faciant proportionem cum ea, accipiendo quod habent a perfectione eius. ³⁴ Et sic a fine, quae habet octo partes, accipient duas. ³⁵ Oportet ergo quod consideratio musici suppleat per artem in ipsa nota finali quod duae caudatae in sursum ab ea acceperunt, scilicet duas partes temporis. ³⁶ Et sic musicus per artem ad proportionem inveniendam, non obstante quod ipsa sit finis, necessario caudat ipsam; quod universaliter est servandum in omnibus figuris, si est necesse in ipsa nota finali, non obstante quod ipsa sit finis.

³⁷ Et hoc idem in superioribus immediate figuris planius est servandum, scilicet quod finis naturalium semper octo partes de duodecim continet, reliqua dicente duas, et hoc via naturae, ut hic:

Ex. 58

29 ergo *om.* M   dividitur *pro* dividit R
30 cum *corr.* B
31 prima *pro* alia BP
32 Instantia *praemittit* B   diceres *pro* dices R
33 Responsio *praemittit* B   primo *pro* immo P, ymmo R   quod per regulam BPR, regulam *ex* reliqua *corr.* S   a *om.* BPR   perfectionem *pro* perfectione R
34 sicut *pro* sic BPR   qui *pro* quae R   accipiet *pro* accipient S
35 quod si consideratio S, considratio M   supleat B   scilicet *add. in marg. m. rec.* B, *om.* PRS
36 *post* musicus *habent* per artem in ipsa nota finali quod duae caudatae in sursum ab ea acceperunt (*corr.* B) in duas (*in marg.* B) partes temporis et sic musicus BPR: *quae verba repetita videntur*   ipsam *in marg.* B   universaliter *corr.* B, naturaliter R   sicut *pro* si est S   necessarie *pro* necesse S
37 hoc *om.* S   idem *in marg. m. rec.* B, *om.* PRS   dicentes *pro* dicente BPR   haec *pro* hoc S

Ex. 58: BPR, *in textu sine lin.* S

³⁸ Per artem vero potest ipsa dicere solum duas, reliqua dicente octo, ut hic:

Ex. 59

vel hic:

Ex. 60

³⁹ Sed: Nunquid possunt interponi duae caudatae in sursum cum duabus naturalibus, ut hic?

Ex. 61

vel quomodocunque aliter interpositae sint?

⁴⁰ Dicimus quod non, quia tales cum reliquis non facerent proportionem; nam talis caudata habet unam de duodecim partibus, quam oporteret componere cum naturali sequente vel praecedente ipsam. ⁴¹ Et sic talis adiuncta ei proportionem non faceret; nam nulla nota potest reperiri rationabiliter, quae contineat nisi perfectionem unam de partibus ternarii, senarii, vel duodenarii; vel ipsa unita cum alia duodenaria perficietur, quae tunc habet de duodecim partibus tres, ut superius dictum est. ⁴² Sed talis adiuncta naturalibus faciet proportionem trium et unius, quod esset quattuor; reliqua vero caudata habebit unam partem, ipsa naturali remanente, aut in tribus, et sic non mensurabunt totum tempus, aut in septem, quod est impossibile esse de natura alicuius notae, ut infra patebit.

Ex. 59: BPR, *in textu sine lin.* S
³⁸ vel ut hic S

Ex. 60: BPR, *in textu sine lin.* S

Ex. 61: BPR, *in textu sine lin.* S

³⁹ *Bis script.* S vel hic *add.* BPRS, vel ut hic S, *cum ex.:*

BPR, *sine lineis* S   quocunque *pro* quomodocunque PRS

⁴⁰ componi *pro* componere M

⁴¹ perfectionem nisi unam M, nisi unam perfectionem S   ipsam *pro* ipsa BPR   unitam *pro* unita *post ras.* B, PR, iuncta S

⁴² tempora *pro* ipsa BPR, aliter ipsa *in marg. m. rec.* B

133

⁴³ Sed dices: Nunquid hoc possum facere via artis?

⁴⁴ Dicimus quod non, quia ars contradiceret naturae, immo imitatur ipsam in quantum potest; sed hoc esset contradicere naturae, ut dictum est; ergo non potest effici per artem.

ε) ⁴⁵ Quinto quaeritur: Nunquid tribus non caudatis possunt addi duae in sursum caudatae, et proportio in eis secundum divisionem duodenariam temporis reperiri, ut hic?

Ex. 62

⁴⁶ Dicimus quod sic; nam tunc duae in sursum caudatae duas partes temporis habebunt, magis propinqua eis cum duabus aliis partibus remanente, ceteris in suis naturalibus existentibus, scilicet continentibus singulariter quattuor partes: et sic ex eis consurget debita proportio mensurandi.

⁴⁷ Sed: Nunquid hoc, scilicet quod tres caudentur in sursum, duabus remanentibus non caudatis, ut hic?

Ex. 63

⁴⁸ Dicimus quod non; nam magis propinqua dictis caudatis in sursum tres partes temporis de duodecim necessario continebit, ut cum ea faciat perfectionem; ⁴⁹ reliqua vero non caudata, sive sit finis, sive non, sex de duodecim artificialiter continebit, quae necessario caudabitur in deorsum, ut hic:

---

⁴³ Instantia *praemittit* B   diceres *pro* dices PR   Nunquam *pro* Nunquid P
⁴⁴ Responsio *praemittit* B   immo... contradicere naturae *om.* M   hoc effici P
ε) ⁴⁵ Quaestio *praemittit* B, *in marg.* P   eius *pro* eis S
Ex. 62: BPR, *in textu sine lin.* S
⁴⁶ Solutio *praemittit* B   partibus aliis BPR   remanentibus *pro* remanente BPR
⁴⁷ Quaestio *praemittit* B
Ex. 63: BPR, *semel in textu sine lin.* S
⁴⁸ Solutio *praemittit* B   sic *pro* non BMPR
⁴⁹ quia *pro* quae R   caudatur *pro* caudabitur R   ut hic patet BPR

Ex. 64

⁵⁰ Cuius ratio est quia nulla nota est, quae possit plus quam quattuor de duodecim naturaliter continere, nisi finis, quae continet octo. ⁵¹ Et quia nulla naturaliter continet ultra quattuor, ideo si plus quam quattuor et minus quam octo debeat necessario continere, quaecunque sit illa, sive in principio, sive in medio, sive in fine, caudetur, ut praedicitur, in deorsum.

⁵² Sed: Nunquid de quinque possunt caudari quattuor in sursum, ut hic?

Ex. 65

⁵³ Dicimus quod sic, si ultima non caudata sit finis, eo quod octo naturaliter continebit, quia finis, et reliquae quattuor, quattuor partes continebunt. ⁵⁴ Si autem non caudata non esset finis, quia solum quattuor de partibus temporis contineret, et reliquae quattuor partes deficerent a perfectione, secundum viam artis fieri potest, scilicet ut nota non caudata, quae non est finis, caudetur in deorsum et fiat octo partium in mensura, ut hic:

Ex. 66

Ex. 64: B *in textu 21 sine cauda, PR* *in textu sine lin.* S

⁵¹ naturaliter nulla P debet *pro* debeat M fit *pro* sit MPR si in principio sive medio S in deorsum ut praedicitur BPRS, reiec. c. c.

⁵² Quaestio *praemittit* B

Ex. 65: P, B 12 *in secundo spatio,* R 11 *in secundo spatio* *in textu sine lin.* S

⁵³ naturaliter octo R

⁵⁴ non *ras.* caudata B caudata esset S defficerent R secundum *corr.* B, sed MS via MS si *pro* scilicet ut nota M particium *pro* partium M

Ex. 66 B, PR 5 *in tertia lin.* (1 *om.* R), *in textu sine lin.* S

135

⁵⁵ Et hoc intellige, quod caudetur in deorsum illa quae est in principio; nam aliqua mediarum, nec via artis nec via naturae, caudari potest in deorsum, quia propter praecedentem vel sequentem ipsam amitteret de natura sua in proportione ad minus unam partem temporis, quam non possemus supplere, nec etiam via artis.

30g NOTANDUM CIRCA PRAEDICTA

¹ Unde ad evidentiam praecedentium et sequentium est notandum quod per artem non potest fieri quod aliqua nota plus contineat de partibus temporis quam faciat ipse finis, quia tunc ars excederet naturam, quod est impossibile; immo imitatur ipsam in quantum potest, ut dictum est. ² Nec etiam potest facere ars quod aliqua nota contineat de partibus temporis plures vel pauciores quam cadant in faciendo perfectionem proportionis cum ipsa et adiunctis ei, quia solum ars habet invenire modos faciendi proportionem mensurae. ³ Ad hoc enim est ars instituta. ⁴ Et quia in tractatu praesenti de istis semibrevibus procedimus per perfectiorem divisionem, quae incipit a tribus, procedendo ad sex, deinde ad duodecim partes temporis mensurandas, ex quo sequitur et est conclusum quod omnis nota nullo modo caudata quattuor, vel octo si sit finis, quoad divisionem ternariam, duas, vel quattuor si sit finis, quoad divisionem senariam, nec plures nec pauciores potest con-

---

⁵⁵ intelligitur *pro* intellige *M*   ipsa *pro* ipsam *M*   admitteret *BPRS*   per unam partem *M*   possumus *pro* possemus *BPRS*   suplere *B*   viam artis *pro* via artis *BP*

B 72v   M 97v   P 85   R 91r   S79r
Titulum om. RS, in marg. P   notabile *pro* notandum *B*

30g ¹ consequentium *pro* et sequentium *S*   continent *pro* contineat *P*, a *suprascr. B*   quod *pro* quam *P*   imitatur enim *pro* immo imitatur *M*, ymo imittatur *R*, ymmo immitatur *B*

² cadat *pro* cadant *P*   et cum ipsa adiunctis *R*   ars habet, ars *om. S*   mensurare *pro* mensurae *R*

³ est enim ars *B*, enim ars est *M*   mensurae insita *pro* instituta *S*

⁴ praesenti tractatu *R*   semibrevibus *corr. m. rec. B*   perfectionem et divisionem *pro* perfectiorem divisionem *S*   dictum *pro* deinde *R*   quantum ad *pro* quoad *M*   quattuor si finis *MPR*   plures, res *suprascr. m. rec. B*, plus *P*

tinere de duodecim partibus temporis inclusive; ⁵ inde est quod nulla adiuncta cum caudatis in sursum potest fieri nec per naturam, nec per artem, nec quinque, nec septem, nec ultra octo de partibus temporis continere, quia tales numeri primo et principaliter non cadunt nec in ternaria, nec in binaria divisione, nec directe, nec indirecte, sed sunt compositi ex pari et impari, solum indirecte et mixte cadentes in divisionibus: et hoc quoad quinque, et ad septem, et ad decem, et ad undecim dicimus. ⁶ Novem vero etsi cadunt in ternaria divisione, modo quo infra dicetur, nulla tamen semibrevis nota, nec via artis, nec via naturae, potest dici novem partes temporis continere, quia talis nota nec esset in ternaria divisione, quia excederet ipsam, nec in binaria, quia deficeret ab ipsa. ⁷ Oportet ergo quod omnis nota non caudata adiuncta caudatis in sursum efficiatur, via artis vel via naturae, duarum, vel trium, vel quattuor, vel sex, vel octo partium temporis. ⁸ Quod si fieri non potest, excedendo vel diminuendo, talis nota debet adiungi cum talibus, ratione superius dicta.

⁹ Item est notandum quod una sola semibrevis in sursum caudata semper adiungi debet duabus naturalibus ad minus, vel tribus, vel quattuor, vel quinque et non pluribus, quia tunc excederent quantitatem temporis in mensura. ¹⁰ Et tunc semper naturalis ipsam praecedens, vel immediate sequens, si ipsam nulla praecedat, continet tres partes de duodecim, reliquis secundum earum quantitatem in ternaria vel in senaria sistentibus divisione, ut hic patet:

---

⁵ caudis *pro* caudatis BPRS   nec per artem nec per naturam R   nec ultra octo, nec *om.* S, *suprascr. m. rec.* B   caderent *pro* cadunt S   in ternaria, in *suprascr.* B, *om.* P   et ad sex ad decem *pro* et ad septem et ad decem BPR, et ad decem *om.* S

⁶ cadant *pro* cadunt *corr.* B, PRS   ternariam divisionem BPR   nota semibrevis BS, nota *suprascr. m. rec.* B, semibrevis *corr.* B   nec in binaria, in *add. in textu* B, *om.* P

⁷ vel sex *om.* BPRS

⁸ adiuncgi B

⁹ Item aliud notabile ad praedicta *praemittit* B, Notandum *in marg.* P   in sursum *corr.* B   debet adiungi BPRS   tunc *om.* S

⁹ in senaria, in *om.* BPRS   patet *om.* BS

Ex. 67

[musical notation]

¹¹ Duae vero semibreves in sursum caudatae adiungi possunt duabus similiter semibrevibus naturalibus ad minus, et tribus, et quattuor, et quinque, et non pluribus, quia tunc tempus excederent in mensura. ¹² Et tunc semper praecedens dictas caudatas, vel sequens, si nulla ipsas praecedat, duas partes de duodecim necessario continebit, reliquis secundum earum quantitatem in ternaria, seu in senaria divisione sistentibus, ut hic patet:

Ex. 68

[musical notation]

Ex. 67: [musical notation]

[musical notation] *P* 30 *caudam om.*, *R* 4 *cum cauda in sursum*, 30 *caudam om.*, 35 *et* 39 *cum cauda sed del.*

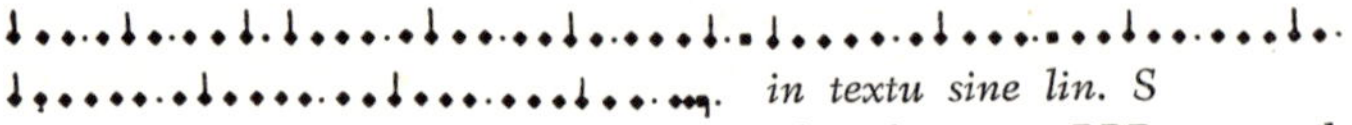

[musical notation] *in textu sine lin. S*

¹¹ semibreves, *suprascr. B*   semibrevibus *om. BPR*   et tribus, et *om. S*   tempus *om. BPRS*   excederet *pro* excederent *S*   quantitate temporis *om. M*, quantitatis temporis *BPR*

¹² caudas *pro* caudatas *R*   praecedit *pro* praecedat *S*   in senaria, in *om. BPRS*

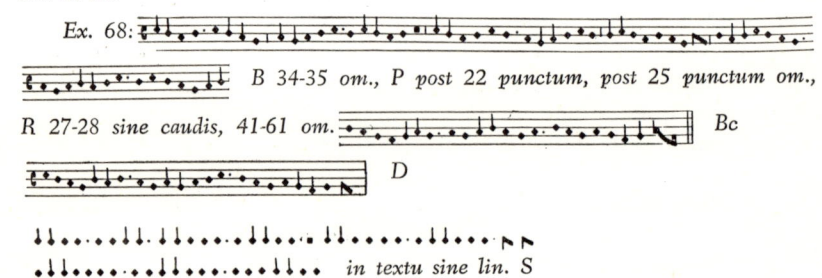

Ex. 68: [musical notation]

[musical notation] *B* 34-35 *om.*, *P post* 22 *punctum, post* 25 *punctum om.*, *R* 27-28 *sine caudis*, 41-61 *om.* [musical notation] *Bc*

[musical notation] *D*

[musical notation] *in textu sine lin. S*

¹³ De tribus vero semibrevibus, et quattuor et quinque etc., quomodo adiungi possunt naturalibus seu artificialibus, et quot, potest sumi regula ex praedictis.

DE SEPTEM, DE OCTO, ETC.

α) ¹⁴ Item quaeritur: Quid, si sint septem semibreves similiter figuratae?

¹⁵ Dicimus quod duae primae ad divisionem duodenariam pertinebunt, reliquis in sua natura sistentibus, scilicet in senaria divisione. ¹⁶ Cuius ratio est: Superius dictum est quod de natura totius est dividi in partes, et si illas partes volumus adhuc dividere, a prima primo debemus incipere, et secundo a secunda, et tertio a tertia, et sic deinceps; nam tunc prima pars de sex dividitur, ut hic patet:

Ex. 69

¹⁷ Possunt tamen tales duae notae ad divisionem duodenariam pertinentes, et in medio et in fine locari, sed caudare in sursum eas necessario nos oportet, ut hic:

Ex. 70

---

¹³ De tribus semibrevibus *habet post* potest S vero *om.* S etc. *om.* PR quomodo *pro* quot S sine *pro* sumi *corr.* B, PR, summi M
Titulum ego, non habent cdd.

α) ¹⁴ semibreves *corr.* B

¹⁵ in senariam divisionem BPR

¹⁶ dividere, de *suprascr.* B ad secundam *pro* a secunda S divitur *pro* dividitur B, dicitur PRS, patet *om.* P, patet per exemplum S

Ex. 69: BPR, *in textu sine lin.* S

Bc

¹⁷ notae *om.* M caudatae *pro* caudare BPS, *in corr.* R ea *pro* eas S non *pro* nos BPR ut hic patet PS

Ex. 70: BPR;

M caudam habet in 10 non in 12 Bc

β)   [18] Item quaeritur: Quid, si sint octo similiter figuratae?

[19] Dicimus quod quattuor primae ad divisionem duodenariam pertinent, ceteris in senaria existentibus;   [20] et tunc prima pars primo divisa est, et secundo secunda, ut hic:

Ex. 71

[21] Possunt etiam tales quattuor et in medio et in fine poni, ipsas in sursum caudando, ut hic:
Ex. 72

γ)   [22] Item quaeritur: Quid, si sunt novem?
[23] Dicimus quod licet principaliter ad novenariam pertineant divisionem, in qua tempus infra dividetur, temen pertinent ad duodenariam, de qua ad praesens tractatur, ita quod sex primae ad duodenariam pertinent divisionem, reliquis in senaria remanentibus.   [24] Et tunc prima pars de sex primo divisa est, secundo secunda, et tertio tertia, ut hic:

Ex. 73

D

in textu sine lin. S

β) [19] pertinebunt *pro* pertinent S   in senaria divisione BPRS
[20] ut hic patet R

Ex. 71:   BPR, *in textu sine lin.* S

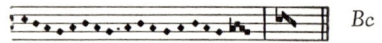

Bc

Ex. 72:   BPR, *ut M in textu sine lin.* S   Bc

D

γ) [23] infra qua *pro* in qua *corr.* B, P, infra quam R   infra *om.* PR, ita in marg. m. rec. B   dividitur *pro* dividetur BPRS   divisionem *om.* M   divisionem duodenariam pertinente S   divisione remanentibus BPRS
[24] prima *pro* primo BPR   secundum BPR   tertium BPR   ut hic *om.* BPRS
Ex. 73 *om.* BMPRS, *add. ex* Bc

²⁵ Sed licet novem semibreves in duodenariam cadant divisionem, ut monstratum est, principaliter tamen cadunt in novenaria, ut infra patebit, et in ipsa principaliter cadunt. ²⁶ Volumus, quando sunt uniformiter figuratae, quod semper secundum novenariam proferantur divisionem; ²⁷ et quando debent ad duodenariam pertinere, volumus quod semper caudentur in sursum illae quae ad ipsam pertinent, et in principio, et in medio et in fine, ceteris, quae ad senariam pertinent divisionem, ex ipsis novem sua remanentibus in natura, ut hic:

Ex. 74

δ) ²⁸ Item quaeritur: Quid, si sint decem?

²⁹ Dicimus quod octo primae ad divisionem duodenariam pertinent, duabus in senaria existentibus: quia tunc prima, secunda, tertia et quarta de sex divisa est, ut hic patet:

Ex. 75

³⁰ Possunt tamen tales duae ad divisionem senariam pertinentes, et in principio, et in medio figurari, caudas in sursum ceteris adiungendo, ut hic:

Ex. 76

---

nᵒˢ *25-34 non habet* M

25 in semibrevibus *pro* novem semibreves S, semibreves, s *suprascr.* B *in fine* caderet *pro* cadunt S, *et infra*

26 Volumus quod quando BPR   secundum *om.* BPR   proferatur *pro* proferantur RS

27 divisionem pertinent P, *reiec. c. c.*

Ex. 74:   B *in textu* P, R 3 *cum cauda,* 8 *sine,* 1-27 *in textu sine lin.* S

Bc   D

δ) Ex. 75: BPR, 1-10 *in textu sine lin.* S

Bc

30 fine *pro* medio R, medio *in textu* fine *suprascr.* B

Ex. 76: B, PR 15 *cum cauda,*

141

ε) ³¹ Item quaeritur: Quid, si sint undecim?

³² Dicimus quod decem primae ad duodenariam pertinent divisionem, ultima in senaria existente: et tunc prima pars de sex, secunda, tertia, quarta et quinta divisa est, ut hic patet:

Ex. 77

³³ Potest tamen sola illa quae ad senariam pertinet divisionem, in principio, et in medio situari, reliquis caudam adiungendo, ut hic:

Ex. 78

ζ) ³⁴ Item quaeritur: Quid, si sint duodecim?

³⁵ Dicimus quod debent uniformiter figuarari, quia tunc prima de sex, secunda, tertia, quarta, quinta et sexta aequaliter est divisa, ut hic patet:

Ex. 79

³⁶ Declaratum est ergo in praesenti tractatu quomodo tempus dividatur: primo, in ternaria divisione, et quomodo tres partes temporis primo dividantur in duas; secundo, quomodo in duas alias illae duae

---

in textu sine lin. S   Bc

D

ε) ³² divisionem pertinent R, *reiec. c. c.*   ultima *pro* quinta P   patet *om.* S
Ex. 77: B, PR 20-26 *om., in textu sine lin.* S

Bc

³³ cauda *pro* caudam S
Ex. 78: B, PR 22 *cum cauda*

Bc   D

ζ) ³⁴ quaeritur *om.* S
³⁵ quinta *om.* PR   patet *om.* S
Ex. 79: B *in textu,* PR *sine puncto post* 12, 15-16 *om.,* 21 *in tertia lin.;*
in textu sine lin. S   D

Bc

³⁶ primo dividatur P   illae duae, duae *om.* PR

dividantur, et quomodo notae tales partes temporis mensurantes cognoscantur, et quomodo figurentur, et quae sint proprietates ipsarum, et quomodo caudentur in sursum et in deorsum via artis, et quomodo consurgat proportio ex eisdem.   ³⁷ Et sic simul de tertio et quarto capitulo semibrevium est ostensum.

Capitulum Quintum

³¹ QUOMODO SUPRADICTAE SEMIBREVES PROPRIIS NOMINIBUS NOMINENTUR

¹ Sed nunc videndum est quomodo semibreves ad dictam divisionem pertinentes suis propriis nominibus nominentur.   ² Ubi sciendum est quod semibrevium quaedam debent dici maiores, quaedam minores et quaedam minimae.

³ Maiores autem debent distingui, quia quaedam debent dici maiores via artis, quaedam maiores via naturae.   ⁴ Via naturae non possunt dici maiores nisi illae quae continent unam de tribus partibus temporis. ⁵ Cuius ratio est quia illa nota debet dici maior via naturae quae naturaliter plus de tempore continet, quam possit unquam naturaliter continere;   ⁶ sed tempus divisum est, primaria principali et perfectiori divisione, in tres partes principales, quibus oportet correspondere tres notas naturaliter tres praedictas partes temporis continentes;   ⁷ non

---

dividuntur *pro* dividantur *BMPR*   tales et partes *PR*   signentur *pro* figurentur *S*   proprietas *pro* proprietates *P*   per viam artis *pro* via artis *B, per in marg.*
   ³⁷ sic *om. BPRS*   semibreve *pro* semibrevium *BP*, semibrevis *R*, similiter *S*

   B 74r   M 99r   P 88   R 94r   S 80v
   Capitulum *om. PRS*   quintum *om. BPRS*   Quomodo... nominentur *om. S* nominentur. Rubrica *M*
31. ¹ semibreves, s *suprascr. in fine* B   divisionem, di *suprascr.* B
   ² Unde *pro* ubi *R, om. S*   sciendum *om. S*   est *om. PS*   et *om. MS*
   ³ quaedam maiores, maiores *om. BPRS*
   ⁵ manere *pro* via naturae *PR*
   ⁶ est *om. S*   quibus ei oportet *P*   etiam respondere *pro* correspondere *S*

potest ergo aliqua nota pertinens ad praedictam divisionem unquam plus quam unam de tribus partibus temporis continere.

⁸ Maior ergo semibrevis debet dici illa quae habet unam de tribus partibus temporis continere, et hoc dicimus via naturae. ⁹ Maior autem semibrevis via artis debet dici illa quae continet duas de tribus partibus temporis; nam nunquam posset duas de tribus partibus temporis continere, nisi hoc esset via artis. ¹⁰ Et hoc facit dupliciter ars, quia aut ratione situs, sive loci, situando aliquam notam quae habet de natura sua unam de tribus partibus temporis, situando dicimus ipsam in fine alterius: et tunc eo quod finis, ratione loci et artis locantis ipsam in fine, attribuitur ei altera pars. ¹¹ Et sic per talem artem, talis nota est facta maior semibrevis, sicut etiam in caudando praecedentem ipsam in deorsum via artis: et tunc dicitur per artem duas partes temporis de tribus artificialiter continere. ¹² Caudatae ergo in deorsum et finales notae quae duas de tribus partibus temporis continent, cum hoc solum fiat via artis, debent maiores semibreves, et via artis et via naturae, ut declaratum est, rationabiliter nominari.

¹³ Et licet magister Franco in arte sua, quam scripsit, naturaliter consideraverit, tamen quia in scriptis non posuit ea quae possunt fieri in musica modo artis, nihil scribendo de rationibus naturalibus quare fiant, ideo tales semibreves artificiales vocat; cum quo concordamus, dicendo ipsas esse maiores solum (scilicet via artis), reliquas vero vocavit minores. ¹⁴ quod dicimus verum esse, si in valore ad artificiales huiusmodi comparentur; ¹⁵ Si autem procedatur via naturae solum, tunc dicimus ipsas maiores, eo quod continent plus de tempore in men-

---

8   Maior ergo... continere *om*. S   semibreve BPR   haec *pro* hoc B, hac P
9   semibrevis *corr*. B
10   situs ratione S   temporis continere Situando S
11   facta est BPRS   tamen caudando *pro* in caudando BPRS
12   natura artis *pro* via artis B *in marg*., PR   debent dici maiores BPRS semibreves, s *suprascr. in fine m. rec.* B
13   consideravit *pro* consideraverit P   in scriptis, in *om*. S   via seu modo artis R   nulla *pro* nihil BPR   fiat *pro* fiant S   semibreves, s *in fine suprascr. m. rec.* B   vocales *pro* vocat BMPR
14   habere *pro* huiusmodi BPR   comperentur *pro* comparentur BM

surando quam possint unquam naturaliter continere, scilicet unam de tribus partibus temporis mensurandi.

[16] Quae autem ad senariam divisionem pertinent debent dici minores eo quod minus de tempore contineant in valore, scilicet solum unam de sex partibus temporis mensurandi. [17] Et istae distinguuntur quia aliquando debent dici minores imperfectae (puta quando unam de sex partibus temporis continent solum). [18] Quando autem alteri adiuncta est (puta caudatae in sursum), tunc ipsa dicit unam de sex partibus temporis et dimidiam in valore; et haec dicitur minor perfecta, eo quod plus continet de perfectione quam prius. [19] Potest etiam, et forte melius, dici illa, quae solum continet unam de sex partibus temporis, minor naturaliter; et illa quae adiuncta continebit unam partem de sex et dimidiam vocetur minor per artem: nam hoc non fit nisi artificialiter (puta si adiuncta eidem caudetur in sursum) ita ut sit proportio in hoc: [20] quod, sicut maiores per artem semper plus continent quam maiores per naturam, ita et minores per artem plus continent quam minores per naturam; nam ars semper addit super naturam. [21] Reliquae vero ad duodenariam divisionem pertinentes, minimae nominantur.

[22] Explicit de semibrevibus pertinentibus ad primam et principalem divisionem temporis perfecti, in qua primo et principaliter tres principales partes temporis dividuntur; nam primo, ut supra dictum est, ipsae tres partes dividuntur in duas, deinde in alias duas; postea in tres, deinde in alias tres.

---

[15] nunquam *pro* unquam *R*
[16] continent *pro* contineant *S*
[17] distinguitur *pro* distinguuntur *S*
[18] cum dimidia *pro* et dimidiam *BPRS*   in *om. S*   cantineat *pro* continet *P*
[19] temporis... de sex *om. S*   partem de sex partibus *R*   naturaliter *pro* artificialiter *S*
[20] semper *om. BPRS*   ita et... minores per naturam *om. S*   contineant *pro alterum* continent *M*   ita et minores per artem *repetitum del. B*   alias *pro* ars *M*   supra *pro* super *PR*
[22] semibrevibus *corr. B*   principale *S*   dividentur *pro* dividuntur *P*   contra *pro* supra *BPR*

Capitulum Sextum

32a
QUOMODO SEMIBREVES PERTINEANT AD SECUNDAM DIVISIONEM TEMPORIS

[1] Incipit capitulum de semibrevibus, scilicet quomodo pertineant ad eandem ternariam divisionem temporis perfecti, modo scilicet quo ipsae tres partes temporis principales in tres alias dividuntur, et illae tres in alias tres, et sic deinceps. [2] In quo capitulo hoc ordine procedemus:

[3] primo enim movebuntur quaedam quaestiones necessariae ad propositum ostendendum;

[4] secundo, ostendetur propositum;

[5] tertio, declarabitur quomodo tales semibreves propriis nominibus nominentur.

32b   PRIMUM DICTI CAPITULI

[1] Quantum ad primum, quaeritur primo de eo quod videtur quod in opere proposito non uniformiter procedamus; nam si tempus perfectum, ut probatum est superius, prima et principali divisione et perfectiori, dividitur in tres partes, videtur quod illae tres, prima et principali et perfectiori divisione, deberent dividi in alias tres, et non in duas primo, sicut divisimus eas. [2] Unde capitulum immediate praecedens aut debuit postponi isti, aut ad binariam divisionem debebat necessario perti-

---

B 75r   M 99v   P 89   R 95r   S 81r
Capitulum *om.* PRS   sextum *om.* BPRS   Quomodo... temporis *om.* S temporis. Rubrica M

32a [1] semibrevibus *corr.* B   quomodo scilicet BPRS   eadem *pro* eandem B ternaria S   modi scilicet quomodo *pro* modo scilicet quo S   istae *pro* illae S

[5] dictas *pro* tales P

B 75v   M 99v   P 89   R 95r   S 81r
Titulum *om.* PRS

32b [1] quin *pro* quod in P   et principali *altero loco, et om.* M   divisione et perfectiori S   divisimus, s *ex* d *corr.* B

[2] deberet *pro* debebat M

nere. ³ Et ex hoc videtur hic ordo fuisse postpositus et non necessario commutatus.

⁴ Sicut dictum est, ipsum tempus perfectum, primaria et perfectiori divisione, dividitur in tres partes, ratione in principio praecedentis capituli allegata.

⁵ De quarum divisione tractare habebamus modo quo ipsae tres partes divisibiles sunt, incipiendo a primo modo et inferiori, procedendo usque ad ultimum, sicut ab unitate incipimus numerare usque ad ultimum numerum procedendo. ⁶ Et sicut volendo videre quibus modis ipsa unitas multiplicabilis est, primo oportet in cognoscendo dicere duo, postea tria; ita volendo multiplicare quamlibet ipsarum partium temporis, oportet nos primo dicere duo, postea tria. ⁷ Praeponi ergo debuit primum capitulum quomodo ipsae primae tres partes dividuntur in duas, et illae duae in alias duas, et postea sequi istud capitulum in quo ipsae primae tres partes dividuntur in tres, et ipsae tres in alias tres. ⁸ Ad argumentum in contrarium, dicimus quod quando dividitur tempus in tres partes, et postea partes in duas, proceditur de perfecto ad imperfectum, propter quod ibi dicitur quod ipsa binaria divisio ad tempus imperfectum pertinet. ⁹ Quando autem ipsae partes tres dividuntur in alias tres, tunc procedetur de imperfecto ad perfectum, scilicet ut videantur omnes modi quibus ipsae primae partes divisibiles sunt. ¹⁰ Unde oportet nos primo dividere in duas partes, secundario vero in tres. ¹¹ Et sic patet propositum.

¹² Secundo quaeritur si ipsae tres partes primae temporis perfecti sunt divisibiles in quattuor, vel in quinque, vel plures.

---

³ hic fuisse ordo *BPR,* fuisse hic ordo *S*
⁴ tempus ipsum *M*   alegata *B, om. S*
⁵ a unitate *S*
⁶ ita... postea tria *om. S*   volens *pro* volendo *BPR*
⁷ primum capitulum *om. S*   quo *pro* quomodo *BPR*   primae *om. M* in alias tres, tres *om. BRS, ras. P*
⁸ partes postea *BPRS*
⁹ tres partes *BPR*   proceditur *pro* procedetur *BS*   scilicet *om. S*   modi omnes *BPRS*   partes primae *R*
¹⁰ partes *om. BPRS*   senariam *pro* secundario *S*
¹¹ Et *om. P*
¹² Quaestio *praemittit B* 2° *in marg. P*   primae temporis *in marg. B*   vel in plures *BPR*

147

[13] Dicimus quod non; quia, sicut omnes numeri tam pares quam impares reducuntur ad duo et ad tria, sic omnes divisiones factae de eis reducuntur ad binariam et ternariam divisionem ipsarum partium; nam si dividamus ipsas in quattuor, tunc eas dividimus in bis duas, si in quinque, in tres et duas, et sic de ceteris.

[14] Tertio quaeritur si aliquid quod pertineat ad omnes divisiones trium partium temporis perfecti, vel ad aliquam ipsarum, possit esse medium inter ipsam ternariam divisionem et binariam ipsius temporis perfecti; vel, quod plus est, possit esse medium inter tempus perfectum et imperfectum.

[15] Dicimus quod non; et sit ratio talis: Illud quod cadit inclusive sub aliquo oppositorum, nunquam potest esse medium inter ipsa opposita, verbi gratia: [16] Corporeum et incorporeum sunt opposita;

Ex. 80

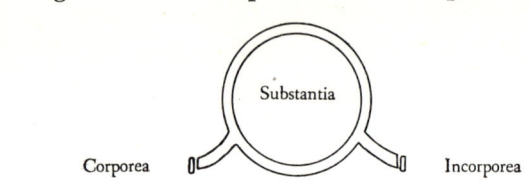

[17] omne ergo quod includitur in corporeo, necessario opponitur incorporeo, et nunquam potest esse medium inter ipsa duo. [18] Detur ergo talis figura:

Ex. 81

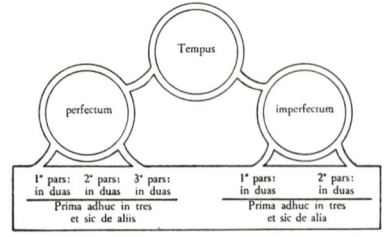

---

[13] Solutio *praemittit* B   sed *pro* quia BPRS   et tria BPR, vel tria S et si *pro* sic P, sic *corr.* B   ternariam divisionem ipsarum BPRS   dividimus *pro* dividamus S   exitur *fort. pro* et sic P
    [14] Quaestio *praemittit* B   Tunc *pro* tertio BPR
    [15] Solutio *praemittit* B   Id *pro* Illud S   inclusive *pro* inclusive M, in divisione S   Ex. 80 *non habent* BPS, *post* talis figura R
    [17] in incorporeo (incorporeum R) necessario opponitur corporeo BPRS
    [18] talis *om.* BPRS   Ex. 81 *non habent* BPS   spatium vacuum habet B;

¹⁹ Patet ergo quod quomodocunque dividantur illae tres partes temporis perfecti, nunquam aliqua divisio ipsarum partium, seu ipsius temporis perfecti, poterit esse medium inter perfectum tempus et imperfectum, cum omnes tales divisiones sub perfecto tempore includantur; ²⁰ propter quod patet error dicentium quod octo, vel sex, vel breviter aliquis numerus sumptus in semibrevibus, sit media mensura inter tempus perfectum et imperfectum; nam omnis mensura et omnis numerus necessario includitur sub altero istorum oppositorum, scilicet sub perfecto tempore vel imperfecto. ²¹ Et quia ipsi in sumendo naturam temporis perfecti et imperfecti errant, et divisiones partium ipsarum ideo errant, ponendo medium inter ipsa.

32c SECUNDUM DICTI CAPITULI

¹ Quantum ad secundum, est sciendum quod secundaria divisione ipsum tempus perfectum, iam divisum in tres partes, secundo dividitur in alias tres, et illae tres in alias tres, et sic deinceps. ² Et est necessaria ista divisio: nam tres dicunt plus quam duo, nec includuntur in eis. ³ Divisis ergo partibus perfecti temporis in duas, et illis in alias duas, ut perfecte sciatur quibus modis principalibus sunt divisibiles, necessarium fuit ponere divisionem ipsarum in tres partes, quae faciunt novem, et sic deinceps.

⁴ Videndum est ergo quomodo tempus perfectum mensuretur ex eis.

---

partem alteram figurae rectis lineis definitam om. R   Etiam imperfectum M dividit in tres partes,   de aliis pro de alia M

¹⁹ quod *om.* S   aliqua, i *suprascr.* B, alia S   potest *pro* poterit BPRS   inter *bis script.* M   tempus perfectum P

²⁰ propter *del.* B *et in marg. sin. add.*   semibreve *pro* semibrevibus BPR   istarum *pro* istorum P

²¹ summendo S   ipsorum *pro* ipsarum BR

B 77r   M 100v   P 91   R 97r   S 82r
Titulum om. RS, in marg. P

32c ¹ iam perfectum iam divisum R   sic *om.* P

² divisiones *pro* dicunt S   non *pro* nec S   includitur *pro* includuntur BPR, includunt S   in eis divisio B, divisio *m. rec. in marg.* B

³ illa *pro* illis R, illae R   sciatur *bis script.* P   necessariam B

DE QUATTUOR SEMIBREVIBUS IN NOVENARIA DIVISIONE, ETC.

α) [5] Si ergo ponantur quattuor semibreves, quomodo novem partes temporis mensurabuntur per ipsas, ut hic?

Ex. 82

[6] Dicimus quod prima vel aliqua ipsarum, excepta ultima, unam partem de novem temporis mensurabit. [7] Et quia tunc erit imperfectior aliis in valore, oportebit ipsam figurari cum signo imperfectionis, scilicet cum cauda in sursum. [8] Et tunc immediate adiuncta ei, vel ante, vel post, duas de novem partibus temporis continebit, reliquis duabus remanentibus in sua natura, hoc est continentibus tres partes temporis de novem pro qualibet in valore.

β) [9] Item quaeritur: Quid, si sint quinque?

[10] Dicimus quod duae caudabuntur in sursum non immediate; [11] sed oportet aliquam ex aliis ipsas mediare. [12] Et tunc dictae duae caudatae duas partes de novem temporis continebunt, adiunctis eisdem continentibus solum duas singulariter, ultima remenente, eo quod finis, trium partium in valore, ut hic:

Ex. 83

De quattuor *etc. om.* S, *post* Ex. 82 *habet* M   semibrevibus *corr.* B *etc. ego*
    α) [5] semibreves, s *in fine suprascr.* B   ipsius temporis *pro* temporis B, temporis *m. rec. in marg.* B

    Ex. 82:   BPR,   *in textu sine lin.* S   D,   Bc 9 *cum cauda*, 11 *sine cauda*, 12 *in tertia linea*, 13-24 *om.*

    [6] temporis *in marg.* B   continebit *pro* mensurabit BPRS   aliquando ultima et minus valore *add. sed del.* B

    [7] tunc prima erit PR   figurare *pro* figurari S
    [8] continentibus, *alterum* ti *in marg.* B
    β) [9] Quaestio de quinque *praemittit* B
    [10] Solutio *praemittit* B
    [12] de novem partibus S   ultima, ti *suprascr.* B

    Ex. 83:   B *in textu*, PR *om. punctum post* 5, 7 *sine*

γ) ¹³ Item quaeritur: Quid, si sint sex?

¹⁴ Dicimus quod tres caudabuntur in sursum non immediate; ¹⁵ et tunc tres partes de novem temporis continebunt, reliquis remanentibus non caudatis et mediantibus ipsas existentibus solum duarum partium singulariter in valore, ut hic:

Ex. 84

δ) ¹⁶ Item quaeritur: Quid, si sint septem?

¹⁷ Dicimus quod duae ipsarum non caudatae, duas partes de novem necessario singulariter continebunt, interpositae, dicimus, cum duabus in sursum caudatis unam singulariter continentibus, reliquis non caudatis continentibus singulariter solum unam, ut hic:

Ex. 85

---

cauda, in textu sine lin. S [music] D, Bc

13 in tertio spatio, 15 in secundo spatio, om. 16-25, ♮ pro ♩

γ) 13 Quaestio de sex *praemittit* B
14 Solutio *praemittit* B
15 ipsis *pro* ipsas BPRS   ut hic patet R

Ex. 84: [music] B in textu, P, R 5 *cum cauda in deorsum, in* textu sine lin. S [music] Bc

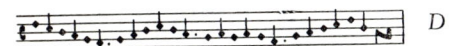

[music] D

δ) 16 Quaestio si sint septem *praemittit* B
17 Solutio *praemittit* B   continebunt singulariter S, *sed add. transpositionis signis*   caudatis in sursum S   continentibus (*altero loco*) *secundum* ti *in marg.* B   solum una S,   solum unam partem BPR, partem *in marg. m. rec.* B   ut hic patet BS

Ex. 85: [music] B in textu, PR, in textu sine lin., 13 cum cauda (14 sine) S [music] Bc

[music] D.

151

ε) ¹⁸ Item quaeritur: Quid, si sint octo?

¹⁹ Dicimus quod solum una in sursum caudabitur, unam partem continens de novem; praecedens vero ipsam immediate, si sola est, vel immediate sequens, si nulla praecedat, vel si tres ipsam praecedant (duae namque non possent ipsam praecedere), duas partes de novem necessario continebit, reliquae vero unam de novem pro qualibet continebunt, ut hic:

Ex. 86

ζ) ²⁰ Si vero novem fuerint, tunc similiter figurentur, quae aequales omnes adaequabunt tempus divisione novenaria iam divisum, ut hic:

Ex. 87

Compilationis auctor aliud exemplum dat (•♩•♩ ♪ ♦ • • etc.), *quod ex*: per artem *confectum considerat.*

ε) ¹⁸ Quaestio de octo *praemittit* B

¹⁹ Solutio *praemittit* B   caudatur *pro* caudabitur P   vero *om*. S   possunt *pro* possent PR   partes duas S, partes *om*. M   ut hic patet BPR

Ex. 86:   PR, B *in textu* 18 *in secundo spatio, ut* M *in textu sine lin*. S, *caudam in* 26, *non in* 19, *habet* M

   Bc

   D.

Compilationis auctor aliud exemplum dat (•♩•••••••••••♩••‹, etc.) *quod per artem* confectum *considerat.*

ζ) ²⁰ Si vero... *usque ad Ex*. 87 *in marg*. B *eadem manu*   singulariter *pro* similiter S   quia omnes aequales S   novenariam B   divisum est S   ut hic patet BPRS

Ex. 87:   BPR, *in textu sine lin*. S   etc. Bc

   etc. D

152

TERTIUM DICTI CAPITULI
DE NOMINIBUS IPSARUM SEMIBREVIUM

¹ Postea quaeritur quomodo nominentur.

² Dicimus quod tres primae quae dividuntur, nominantur ut prius; nam ipsae sunt quae dividuntur in novem, quae novem dicuntur minores per naturam, si unam partem de novem contineant. ³ Si autem duas de novem continebunt, tunc dicuntur minores per artem; nam ars, proportionando eas ad invicem, facit ipsas duas partes de novem temporis singulariter continere.

NOTABILE CIRCA TOTUM DETERMINATUM

¹ Sed notandum est quod ista divisio trium partium temporis in novem reducitur ad divisionem ipsarum in sex, vel in duodecim. ² Cuius ratio est quia illa divisio est fundamentum istius; nam est primus modus, quo possunt dividi tres partes temporis principales, et iste est secundus. ³ Certum est autem quod id quod posterius est, semper fundatur super eo quod prius est; ⁴ sed posterior est novenaria divisio partium, eo quod per eam dividuntur in tres partes temporis, quam senaria, per quam dividuntur in duas; ⁵ ergo, ista reducibilis est ad illam. ⁶ Et hoc summe manifestat naturam cantandi novem semibreves simul; nam aliqua ipsarum novem potest longius protrahi, quod non esse posset nisi ad duodenariam divisionem reducerentur. ⁷ Patet ergo quomodo tres partes temporis principales in duas, vel in tres partes ulterius dividuntur, et quae, et quot semibreves

---

B 77v   M 101r   P 92   R 98r   S 82v
Titulum om. S   Tertium dicti capituli *om.* PR
32d ² continent *pro* contineant BPS, continetur R
³ continent *pro* continebunt M   proportionandi BMPR   facit eas ipsas R   novem partibus temporis S   singulariter *om.* S

B 77v   M 101r   P 92   R 98r   S 82v
Titulum om. PRS
32e ² illa *om.* R   ratio *pro* divisio PR
³ illud *pro* id BPR   eo *om.* S
⁶ natura *pro* naturam M   semibreves *corr.* B
⁷ principales, ci *suprascr.* B

ex talibus divisionibus constituantur, et quomodo proportionentur ad invicem, et quomodo etiam debeant nominari.

⁸ Sed postea quaeritur utrum novem, vel duodecim, vel plures vel pauciores, possint taxari tamquam totum tempus perfectum plenarie continentes.

⁹ Dicimus quod non, licet possimus dare ita paucas, quod de se manifestum est quod possunt plures fieri; et possumus dare tot, quod manifestum est quod non possunt proferri. ¹⁰ Sed quod taxetur numerus infra vel supra quem determinatae non possint proferri semibreves, totam naturam perfecti temporis mensurantes, est omnino impossibile, cum hoc dependeat ab agilitate vocis. ¹¹ Et potest ratio sic formari: illud quod de se est omnino formale et universale, illud non distinguitur per aliquod materiale, quia illud non esset tunc separatum a meteria simpliciter. ¹² Sed musica est quaedam scientia et consideratio mensurae temporis perfecti pertinentis ad ipsam, et ipsa est in intellectu; et intellectus est separatus a materia, et per consequens scientia, et quidquid pertinet ad ipsam. ¹³ Si ergo Petrus, ex asperitate organi, non potest formare nisi tres semibreves, ipsae non debent determinari ad hoc quia Martinus potest formare novem, et Iohannes duodecim; et sic unus pauciores, alius forte plures, ita quod impossibile est omnino taxare hominibus. ¹⁴ Sed Deus et angeli, qui sciunt naturam organorum hominum, possent dicere quis esset ille qui haberet organum

---

divisionibus *corr. m. rec.* B   constituantur, con *in marg. m. rec.* B   quando *pro* quomodo BPR

⁸ Quaestio *praemittit* B   perfectum tempus BPRS   mensurantes *pro* continentes BPRS

⁹ Responsio *praemittit* B   possumus *pro* possimus PR

¹⁰ infra vel supra *corr. m. rec.* B   quam *pro* quem BPRS   semibreve B deprehendat ab *pro* dependeat ad S   agilitate S

¹¹ illud *corr. ex* ilud B 1 *suprascr.*, id S   formaliter *corr.* B, PR   verisimile *pro* universale illud BPRS, aliter formale et universale *m. rec. in marg.* B quia illud, illud *suprascr.* B, id S, *om.* PR   simpliciter separatum a materia BPRS

¹² in intellectu, in *om.* P   quidquid partium pertinet BR   continet *pro* pertinet S

¹³ pectus *pro* Petrus BRS, partium P   debet *pro* debent S   sic. *om.* S pauciores *om.* M   vero *pro* forte S   est *om.* S   hominis dicimus *pro* hominibus M

magis expeditum ad tales semibreves formandas, et qui plures possent facere semibreves, mensurae perfecti temporis respondentes. [15] Ridiculosum et vanum est omnino dicere: Tot vel tot semibreves possunt simul fieri pro perfecto tempore mensurando; [16] sed debet dici: Tot semibreves possunt pro tempore perfecto fieri, quot vox humana frangere potest, mensura debita ipsius perfecti temporis observata.

EXPLICIT LIBER PRIMUS DE ACCIDENTIBUS ET ESSENTIALIBUS MUSICAE MENSURATAE.

---

[14] formandas *in marg. m. rec.* B   et quia *pro* et qui BR   posset *pro* possent BP   semibreves, s *suprascr. in fine* B

[15] Ridicolosum, ri *in marg.* B   est et vanum BPRS   fieri simul S, simul *corr.* B

[16] debet, t *suprascr. m. rec.* B   fieri possunt pro tempore perfecto S   quod *pro* quot BP   vox *in marg.* B   fieri *pro* frangere PR

Subscriptionem om. S   primus liber BPR   essentialibus, a *suprascr.* B

LIBER SECUNDUS

33 DE TEMPORE IMPERFECTO MUSICE LOQUENDO

¹ Quoniam oppositorum est eadem disciplina (per Philosophum, primo Topicorum), viso de tempore perfecto musicae mensuratae, per nos etiam de imperfecto similiter est videndum. ² De quo videndo hoc ordine procedemus:

³ tractabitur enim, primo, de ipso per se et absolute, quantum ad eius essentiam intuendam;

⁴ secundo, de ipso per applicationem ad notas secundum eius totalitatem et multiplicationem;

⁵ tertio, tractabitur de ipso, applicando ipsum ad notas secundum ipsius partialitatem et divisionem.

B 78v   M 101v   P 93   R 99r   S 83r
Titulum om. S   Incipit liber secundus *M,* liber *om. BPR*   musice loquendo *om. PR*   loquendo. Rubrica *M*

33. ¹ per Philosophum primo Topicorum *om. BPRS*   musice mensurato *BPRS*   et etiam *pro* per nos etiam *S*

² ordine hoc *S*

³ ergo *pro* enim *S*

⁴ secundo tractabitur *P*   et *om. PR*

TRACTATUS PRIMUS

Capitulum Primum

[34] QUID SIT TEMPUS IMPERFECTUM MUSICE LOQUENDO

[1] Quantum ad primum, dicimus quod tempus imperfectum musicum mensuratum est illud quod est minimum, non in plenitudine, sed in semiplenitudine vocis. [2] Et hanc diffinitionem sic probamus: certum est enim quod, sicut perfectum est cui nihil deest, ita imperfectum est cui aliquid deest; [3] sed est certum, per diffinitionem superius probatam de tempore perfecto, quod tempus perfectum est illud quod est minimum in plenitudine integra vocis, modo ibi declarato; [4] oportet ergo quod tempus imperfectum, cum deficiat a perfecto, sit non in integra plenitudine vocis.

[5] Sed dicet aliquis: Non debetis deficientiam temporis imperfecti a perfecto sumere a plenitudine vocis, sed a minoritate temporis; [6] unde debetis dicere: utrumque tempus, tam perfectum quam imperfectum est in plenitudine vocis, sed ipsa plenitudo vocis fit in minori

---

B 78v M 101v P 93 R 99v S 83r

Titulum om. S Tractatus primus *om.* R et capitulum primum BM, *om.* PR loquendo. Rubrica M

34. [1] id *pro* illud S in plenitudine vocis S

[2] est id cui S, cuy B nulla *pro* nihil BPR imperfectum est, est *om.* S

[3] certum est BPRS probatum *pro* probatam B id *pro* illud S integrae *pro* integra S

[4] ad *pro* a P sic *pro* sit R in *om.* BPRS integrae *pro* integra BPR

[5] Instantia *praemittit* B diceret *pro* dicet PR defficientiam R a perfecto *bis script.* P

[6] sed ipsa plenitudine vocis *in marg.* B

tempore quando fit in tempore imperfecto, quam quando fit in tempore perfecto.   ⁷ Unde, secundum eos, illud minimum quod fit in plenitudine vocis est tempus imperfectum et non perfectum.

⁸ Sed ad hoc sic respondemus quod esse in plenitudine vocis et esse minimum de necessitate est tempus perfectum musicum, quia tempus perfectum musicum est prima mensura omnium, propter quod etiam mensura temporis imperfecti sumitur respective ad perfectum, subtrahendo partem ab eo, sicut statim dicetur.   ⁹ Cum igitur minimum in unoquoque genere sit mensura aliorum, ut supra dictum est, concluditur quod minimum tempus semper de se sit perfectum, dummodo fiat in plenitudine vocis; sed subtrahendo a plenitudine vocis, statim subtrahimus a quantitate temporis perfecti, et constituimus per consequens imperfectum.   ¹⁰ Et sic patet quod diffinire tempus per plenitudinem vocis est idem quod diffinire ipsum per maioritatem et minoritatem essentialem.   ¹¹ Stat ergo praedicta diffinitio, scilicet quod tempus imperfectum est illud quod est minimum, non in plenitudine, sed in semiplenitudine vocis.   ¹² Et hoc de primo.

Capitulum Secundum

³⁵ QUOMODO TEMPUS PERFECTUM ET IMPERFECTUM ESSENTIALITER OPPONANTUR

¹ Tempus autem perfectum et imperfectum essentialiter opponuntur, per se et absolute et non habito respectu ad aliquam divisionem

---

⁷ id *pro* illud S

⁸ Responsio *praemittit* B   sic *om.* P   mensurationum *pro* mensura omnium S   estendetur *pro* dicetur S

⁹ Cum igitur *corr. m. rec.* B   utroque unoquoque, *sed* utroque *del.* B   de se fit R   sed subtrahendo, sed *om.* S   per consequens *om.* PR

¹¹ id *pro* illud S   in plenitudine vocis BPRS   in plenitudine *pro* in semiplenitudine B, in implenitudine PR   vocis *om.* BPRS

B 79r   M 102r   P 94   R 100r   S 83v

Capitulum secundum *om.* PRS   Quomodo... opponuntur *om.* S   opponantur B   opponuntur. Rubrica M

35. ¹ opponuntur essentialiter BPRS, *reiec. c. c.*

vel multiplicationem ipsorum, sicut satis patet in diffinitione superius declarata. ² Sed adhuc idem probamus: certum est enim quod perfectum et imperfectum totaliter non sunt idem, quia si totaliter essent idem, et per essentiam tempus imperfectum posset dici perfectum, et e converso; ergo differunt per essentiam. ³ Differre autem per essentias est dicere realiter quod unum non sit aliud. ⁴ Sed tunc opponuntur privative, quia realiter unum habet aliquid quod non habet aliud; et tunc sequitur etiam quod sint contradictoria, quia simul et semel nec unquam ambo possunt verificari de eodem. ⁵ Nullum enim tempus esse potest quod simul essentialiter possit esse realiter perfectum et imperfectum.

⁶ Et si dicatur: Aliquod tempus erit dare quod diversis respectibus poterit esse perfectum et imperfectum.

⁷ Dicimus quod istis respectibus aut correspondent aliquae res aut nihil: si nihil, nihil tibi; si aliquid, ergo una res erit duae res, quod est impossibile. ⁸ Impossibile est ergo quod realiter et essentialiter aliquod tempus musicum possit esse simul perfectum et imperfectum, ut quidam fingunt, quia hoc esset implicare contradictionem manifeste: esset enim dicere quod aliquis possit esse homo et non homo. ⁹ Et hoc de secundo.

---

² Sed ad hoc *pro* sed adhuc *corr. B, PR*   quia si totaliter essent idem *om. S*   different *pro* differunt *BP*, differrent *R*
³ differe *pro* differre *corr. B, S*   autem *in marg. B, om. PR*
⁴ non opponuntur *PR*   etiam *om. M*   non sint *MP*, non sunt *R*, non *add. in marg, sed del. B*   possunt ambo *BPRS*
⁵ quia *pro* quod *BPR*   perfectum realiter *M, reiec. c. c.*
⁶ Instantia *paemittit B, in marg. P*   Sed *pro* Et *S*   rationibus *pro* respectibus *BPRS*
⁷ Responsio *praemittit B*   rationibus *pro* respectibus *BPRS*   respondent *pro* correspondent *BPR*   aliquae *corr. B*   nulla *pro* nihil *BPR*, *ter repetitum*
⁸ Et impossibile *S*   simul *m. rec. in marg. B, om. PRS*   signant *pro* fingunt *S*   contraditionem *BM*   erit enim *pro* esset enim dicere *S*   aliquid *pro* aliquis *M*   esset *pro* possit esse *BPRS*

160

Capitulum Tertium

36 QUANTUM TEMPUS IMPERFECTUM DEFICIAT A PERFECTO

¹ Tempus autem imperfectum deficit a perfecto in tertia parte sui ad minus, quod sic probamus: ² certum est enim quod tempus imperfectum non est tantum in quantitate quantum perfectum, quia sic non esset imperfectum; ³ ergo oportet quod deficiat ab ipso in aliqua quantitate. ⁴ Deficere autem non potest in minus quam in una parte, quia si dicas in dimidia, illa dimidia erit una, licet possit esse dimidia alterius partis. ⁵ Cum igitur primae et principales partes temporis perfecti sint tres ad minus (ternaria enim divisione, tamquam in prima et principali, divisum est supra), ergo si tempus imperfectum deficit a perfecto, non poterit minus quam in tertia parte temporis supradicti. ⁶ Remanet ergo quod tempus imperfectum de se et essentialiter solum duas partes in quantitate perfecti temporis comprehendat.

FINIT TRACTATUS PRIMUS

B 76v   M 102r   P 94   R 100v   S 84r
Capitulum *om.* RS   tertius *om.* BRS   Quantum... perfecto *om.* S   Per quantum PR   deficit tempus imperfectum PR, defficit R   deficit de imperfectum ab imperfecto B   perfecto. Rubrica M

36. ² nec esset *pro* non est BPR   quanto quia P
⁴ licet non posset *pro* licet possit R, posset *etiam* BP   partis *corr. m. rec.* B
⁵ ergo *pro* igitur BPR   enim ternaria R, enim *om.* S   supradicta temporis R, *reiec. c. c.*,   supradicta *etiam* BP   comprehendit *pro* comprehendat M
Subscriptionem *om.* BPRS

TRACTATUS SECUNDUS

DE APPLICATIONE TEMPORIS IMPERFECTI AD NOTAS SECUNDUM IPSIUS TOTALITATEM ET MULTIPLICATIONEM

[1] Tempus autem imperfectum secundum se et secundum totalitatem suam et multiplicationem ipsius totaliter et per omnia, sic applicatur ad notas sicut perfectum; et eodem modo nota trium temporum, duorum et unius reperitur loquendo de tempore imperfecto sicut et de perfecto, et eodem modo etiam figuratur; et accidentia omnia quoad pausas, caudas, puncta et ad omnia alia accidentia, ita se habent in cantu temporis imperfecti sicut et perfecti. [2] Et ratio huius est quia de imperfectis nunquam potest esse scientia mentalis, nec etiam cognitio sensitiva, nisi per comparationem ad perfecta. [3] Nunquam enim nec per intellectum, nec per sensum possemus cognoscere aliquid esse imperfectum, nisi cognosceremus quid esset ei necesse ad hoc ut esset perfectum, ita quod scientia, quantum ad ea quae cadunt sive in intel-

---

B 80r M 102r P 94 R 101r S 84r

Titulum om. S Tractatus secundus *om.* PR Aplicatione P imperfecti temporis PR multiplicationem. Rubrica M

37. [1] et duorum BPRS figurantur *pro* figuratur BMPR et puncta R et perfecti *om.* S

[2] haec *pro* huius BPR quod *pro* quia B materialis *pro* mentalis BPR sursitiva *pro* sensitiva B per *om.* S perfectum *pro* perfecta BPRS

[3] sursum *pro* sensum BP possumus *pro* possemus BPRS imperfectum aliquid esse R nocere *pro* necesse BPR sine intellectu *pro* sive in intellectu S,

lectu sive in sensu, semper est de perfectis. ⁴ Musica ergo, et quantum ad notas et quantum ad accidentia, semper est de tempore perfecto primo et principaliter. ⁵ Per subtractionem autem factam ab intellectu, de parte scilicet temporis perfecti, musica fit scientia de tempore imperfecto. ⁶ Si ergo ipsum tempus imperfectum haberet suas notas proprias et sua accidentia propria differentia a notis et accidentibus temporis perfecti, sequeretur quod de imperfectis esset de se scientia et principaliter cognitio sensitiva, nullo habito ordine ad perfecta; quod est impossibile, et secundum intellectum et secundum sensum, ut supra dictum est.

⁷ Et si dicatur: Bene habebo respectum ad perfectum tempus, comparando scilicet notas et accidentia temporis imperfecti ad notas et accidentia temporis perfecti.

⁸ Dicimus quod hoc erit frustra, cum talem comparationem possis facere solum in notis et accidentibus temporis perfecti, subtrahendo scilicet plenitudinem vocis, et per consequens quantitatem temporis ab ipsis; et sic frustra faceres notas et accidentia temporis imperfecti.

⁹ Sed dicetur: Quomodo cognoscet aliquis quando debeat esse cantus de tempore perfecto, et quando de tempore imperfecto, cum, secundum te, et in notis et accidentibus sit similitudo totaliter uniformis?

¹⁰ Dicimus quod hoc est relinquendum solum arbitrio auctoris per-

---

vel sive *in marg.*   sursu *pro* sensu BP
 ⁴ esscen accidentia B, esscen *del.*
 ⁵ autem *om.* R
 ⁶ perfectis *pro* imperfectis S, imperfectione P de se *om.* BPR et cognitio M sursitiva *pro* sensitiva B perfectam *pro* perfecta BPS, et imperfectam *add.* S sursum *pro* sensum B supra *om.* M
 ⁷ Instantia *praemittit* B, *in marg.* P si dicatur *corr.* B tempus *om.* P ad accidentia *pro* et a. S et ad notas S
 ⁸ Responsio *praemittit* B hoc *om.* S comperationem B vocis et per consequens *corr. m. rec.* B, vocis *om.* BPRS, per *om.* BPRS temporis *om.* PR faceret *pro* faceres S
 ⁹ Instantia *praemittit* B dices *pro* dicetur R, dicitur *fort.* P de imperfecto BPRS
 ¹⁰ Responsio *praemittit* B perfectione *pro* perfecte S

fecte scientiam musicae cognoscentis. [11] Sed ut sciatur quando voluntas auctoris sit quod cantetur de tempore perfecto, et quando de tempore imperfecto, dicimus quod addendum est aliquod signum in principio cantus temporis imperfecti et perfecti, quando simul coniunguntur, ut per ipsum cognoscatur voluntas auctoris tales diversos cantus instituentis; nam ex parte cantus figurati et notarum non potest naturalis diversitas inveniri. [12] Probatum est enim quod omnis cantus notatus potest cantari de tempore perfecto et de tempore imperfecto. [13] Solum enim talis diversitas cantandi instituitur ab auctore, ratione scilicet armoniae. [14] Et quia hoc solum dependet a voluntate auctoris, et non ex natura cantus, ideo signum talem diversitatem innuens debet poni ibi, solum secundum voluntatem auctoris; nec potest propria ratio inveniri quare hoc signum plus ponatur quam illud. [15] Nam quidam ponunt .i. et .p., innuentes imperfectum et perfectum, quidam vero .t. et .b., innuentes ternariam divisionem temporis et binariam, et quidam alia signa secundum beneplacitum eorundem. [16] Et quia omnis cantus de se et naturaliter plus respicit tempus perfectum quam imperfectum, cum illud dicat imperfectionem et istud perfectionem, ideo cantus ex natura sua non determinatur ad tempus imperfectum, sed ad perfectum; ex voluntate autem instituentis propter modum armonizandi sic quod cantus respiciat tempus imperfectum, dimisso per-

---

[11] sciatur, c *suprascr.* B   sit *om.* S   imperfecto *corr.* B, perfecto M   tempore imperfecto, tempore *om.* BPRS, t. perfecto M   istud *pro* aliquod BMPR   naturaliter *pro* naturalis S

[12] Probatum *corr.* B, probato S   est *corr.* B, *om.* PRS   enim *om.* BPRS   notatus *om.* S   vocari *pro* cantari BPR, notari S   tempore imperfecto, tempore *corr.* B

[13] ratione *corr.* B

[14] Et quia... auctoris *om.* PR   dependit *pro* dependet S   diversitatem, di *corr.* B   ubi *pro* ibi B, *om.* PR   inveniri magis quare PR   plus *om.* PR   id *pro* illud S

[15] .u. *pro* .p. B, .n. R   perfectum et imperfectum BPR   et binariam divisionem temporis S

[16] Et *in marg.* B, *om* PR   illud *om.* M   autem *om.* BPRS   propter moniçandi *pro* propter modum armonizandi BPRS   fit *pro* sic BPR   tempus *pro* cantus PR   diviso *pro* dimisso P

fecto. [17] Et ideo est necesse quod ipse instituens ponat signum innuens mentem eius in cantu de tempore imperfecto toto, et non in cantu de tempore perfecto.

FINIT SECUNDUS

---

[17] nocere *pro* necesse BPR   in eius *corr.* B, PR
Subscriptionem om. BPRS

TRACTATUS TERTIUS

DE APPLICATIONE IPSIUS TEMPORIS IMPERFECTI SECUNDUM SE TOTUM AD NOTAS VIA PARTIALITATIS ET DIVISIONIS

Capitulum Primum

IN QUOT PRINCIPALES PARTES IPSUM TEMPUS IMPERFECTUM DIVIDATUR

[1] Tempus autem imperfectum, via partialitatis et divisionis, sic applicatur ad notas: dividitur enim, primaria divisione, in duas partes, nec potest dividi in plures; quod sic probamus.

[2] Probatum est supra, in primo libro, quod primaria divisione tempus perfectum dividitur in tres partes, et non in plures nec pauciores: primaria, dicimus, et perfecta divisione, ratione ibi allegata.

[3] Ostensum est etiam in principio istius secundi libri quod tempus imperfectum diminuitur a perfecto; diminuere autem non potest minus

---

B 81r   M 103r   P 95   R 102r   S 85r

Titulum om. S   Incipit tractatus tertius *M*   tertius *om.* BPR

Capitulum... dividatur *om.* S   quot *corr.* B   dividatur imperfectum *B*

38. [1] primariae divisionis *BPR*

[2] prima *pro* primaria *P*   in plures, in *om.* P   in pauciores *S*   iam *pro* ibi *in marg.* B, PR

[3] etiam *corr.* B   diminuit *pro* diminuitur *M*   diminuire *pro* diminuere *B*

quam unam partem, ut ibidem ostensum est. ⁴ Relinquuntur ergo duae partes tempori imperfecto. ⁵ Patet ergo quod tempus imperfectum, primaria divisione, non potest dividi nisi in duas partes: aliter enim in nullo deficeret a perfecto. ⁶ Et hoc conveniens est et decens, scilicet ut tempori perfecto correspondeat perfecta divisio quae est in tres, et non in plus nec in minus, quae est divisionum omnium contentiva; tempori autem imperfecto correspondeat imperfecta divisio quae est in duas. ⁷ Est enim imperfecta, eo quod sit pars et infra ternarium constituta, sicut tempus imperfectum est pars infra tempus perfectum constitutum. ⁸ Duae ergo semibreves constituuntur primaria divisione temporis imperfecti, et non plures, quae sunt aequales scilicet in valore, et aequivalent duabus de tribus primariae divisionis temporis perfecti. ⁹ Et ideo debent similiter figurari, et ad invicem in valore, et in natura etiam sunt aequales, ut hic:

Ex. 88

---

idem *pro* ibidem S

⁴ Relinquitur *pro* Relinquuntur S   autem *pro* ergo R   temporis imperfecti BPR

⁵ alias *pro* aliter M

⁶ ut tempori, tempori *corr.* B   conrespondeat, re *suprascr.* B, respondeat S, *et infra*   perfectior *pro* perfecta PR, B *corr. in marg. ex* perfecti, divisio perfecta S   nec *pro* et non BPRS

⁷ intra *pro* infra S   ternariam *pro* ternarium BPRS   infra *corr.* B, et ita PR, intra S   tempus *corr. in marg.* B   constituens *pro* constitutum *fort.* P

⁸ semibreves, s *soprascr. in fine* B   perfecti temporis BPRS

⁹ in valore et *om.* S   semper *pro* etiam S

Ex. 88: BPR, •• *in textu sine lineis* S, Bc, D

Capitulum Secundum

[39] DE SECUNDARIA DIVISIONE TEMPORIS IMPERFECTI UNO MODO SUMPTA

[1] Quod si aliqua ipsarum caudetur in deorsum, ut hic:

Ex. 89

oportet quod ad secundam divisionem deveniamus temporis imperfecti, quae est ipsarum duarum partium in duas alias, et non in tres, cum iam dictum sit et ostensum quod imperfectum tempus respiciat primo imperfectam divisionem. [2] Et postea si divideremus partes primo in tres, oporteret nos iterum redire ad duas; et volendo ostendere quomodo duae se haberent ad tres, oporteret adhuc replicare de tribus. [3] Dicendum est ergo primo quod dividuntur dictae duae partes temporis imperfecti primo in alias duas, quae faciunt quattuor. [4] Et istae quattuor sunt aequales in natura, et aequivalent octo de tempore perfecto duodenariae divisionis, ut hic:

Ex. 90

B 81r   M 103r   P 96   R 102v   S 85r

Capitulum *om.* PRS   secundum *om.* BPRS   De secundaria... sumpta *om.* S   binaria *pro* secundaria R   sumpta. Rubrica M

39. [1] Quot *pro* quod R   caudentur *pro* caudetur BP

Ex. 89: BPR, in textu sine lin, S

D, *om.* 7-18 Bc
temporis imperfecti deveniamus S   quae *in marg.* B   ut *pro* cum S   est *pro* sit S

[2] postea *in ras. corr.* B   si *ex* sic *corr.* S   divideremus *ex* divideamus *corr.* R   oportet *pro* oporteret P   oporteret... haberent ad tres *in marg. m. rec.* B, *om.* PR   et volendo, et *om.* B   habeant *pro* haberent B   ad hoc *pro* adhuc BPR

[4] aequaliter *pro* aequivalent BPRS   ut hic *om.* M

Ex. 90: *om.* M   BPR, in textu sine lin, S

⁵ Si ergo de istis quattuor solum dentur tres, ut hic:

Ex. 91

tunc finalis aequivalet duabus primis, eo quod finis, Italice cantando.

⁶ Si autem aliqua caudetur de aliis, tunc finalis cum alia non caudata remanent in sua natura; caudata vero eis ambabus aequivalet, via artis, ut hic:

Ex. 92

⁷ Duae vero de tribus caudari non possunt, eo quod frustra esset altera caudatarum.

⁸ De quattuor vero non oportet aliquam caudari in tali divisione sistendo. ⁹ Si autem aliqua caudaretur, aut pertinebit ad secundariam divisionem primarum partium, quae est duarum in tres, aut ad tertiam divisionem temporis imperfecti, quae est quattuor in alias duas. ¹⁰ Et tunc proportio inter caudatas et non caudatas sursum et deorsum, et inter finales et praecedentes, in eis totaliter invenitur et via artis et via naturae, et eodem modo etiam nominantur, sicut superius in tractatu de semibrevibus temporis perfecti est plenius demonstratum.

---

⁵ detur *pro* dentur B   ut hic *om.* BPRS
Ex. 91: *om.* BPRS, *varie tres notas componunt* Bc D *(vide Ex. 94)*
Ytalice *cdd., ut prope semper*
⁶ eius *pro* eis BPR   duabus *pro* ambabus M
Ex. 92:   BPR,   *in textu sine lin.* S
⁹ cauderetur *pro* caudaretur B, caudetur S   primariam *pro* primarum P, primarium S   aut de *pro* aut ad P   ternariam *pro* tertiam BPRS   est in quattuor BPRS
¹⁰ finalem *pro* finales S   rationaliter *pro* totaliter P

Capitulum Tertium

40 DE SECUNDARIA DIVISIONE TEMPORIS IMPERFECTI ALIO MODO SUMPTA

¹ Partes autem principales temporis imperfecti, quae sunt duae, dividuntur in tres pro qualibet, et sic constituunt sex notas. ² Et istae sex notae etiam possunt dividi in duas, et sic habebimus duodecim. ³ Et possunt dividi in tres, et sic habebimus octodecim; quae in modo figurandi et proportionandi, et breviter in omnibus accidentibus, similiter se habent et in nominibus, sicut illae de tempore perfecto superius declarato.

Capitulum Quartum

41 DESTRUCTIO CUIUSDAM ERRORIS

¹ Ex dictis immediate supra surrexit quidam error non parvus in musica mensurata. ² Dixerunt enim quidam: Tu dicis quod possum dividere duas partes temporis imperfecti in tres singulariter, et sic habeo sex; ³ sed sex etiam consurgebant dividendo tres partes temporis perfecti in duas; ⁴ ergo, concluserunt ipsi, senaria divisio potest esse media inter perfectum tempus et imperfectum.

B 81v M 103v P 97 R 103v S 85v
Capitulum *om.* PRS tertium *om.* BPRS De secundaria... sumpta *om.* S sumpta. Rubrica *M*
40. ² notae etiam *om.* BPRS habemus *pro* hebebimus S
³ sic *om.* PRS omnibus *pro* nominibus S superius declarato *in marg. m. rec.* B, *om.* PR

B 82r M 103v P 97 R 103v S 85v
Capitulum quartum *om.* BPRS Destructio cuiusdam erroris *in marg.* P, *om.* RS
41. ² possumus *pro* possum S
³ Sed sex *corr.* B, sex *om.* PRS

⁵ Sed respondemus: Dicimus enim quod omnis numerus in divisione duarum rerum semper invenitur, vel potest inveniri, in ambabus; ⁶ et tamen nulla pars alicuius rei potest esse media inter ipsam et alteram rem, sicut si duae lineae dividantur, divisio binaria, ternaria, quaternaria et omnis divisio potest reperiri in unaquaque; ⁷ et tamen pars unius lineae nunquam potest esse medium inter ipsam et aliam lineam. ⁸ Quantumcunque ergo procedis dividendo tempus imperfectum in partes diversas, tu incedis in eundem numerum partium, sicut tu faciebas dividendo tempus perfectum in suas. ⁹ Nulla tamen pars temporis imperfecti potest esse unquam media inter ipsam et tempus perfectum, nec omnes simul, cum natura temporis imperfecti, de se et essentialiter, sit distincta a natura temporis perfecti: quod maxime patet in modo cantandi de tempore perfecto et imperfecto.

¹⁰ Et si dicatur: Tu dicis quod solum imperfectum deficit a perfecto.
¹¹ Dicimus quod hoc est verum, facta proportione perfecti ad imperfectum; ¹² tamen in essentiis sunt duo tempora distincta ad invicem, et separata et opposita, sicut patet per diffinitiones oppositas eorundem: fit enim unum cum plenitudine vocis, aliud vero cum semiplenitudine vocis.

---

⁴ tempus perfectum *R*
⁵ Instantia *praemittit B* Sed *om. BPR* respondemus *om. BPRS* enim *om. S*
⁶ alicuius, s *suprascr. B* rei *in marg. m. rec. B, om. PRS* aliam *pro* alteram *BPRS* quaternaria *in marg. B*
⁸ procedis *om. BPRS* in partes duas *S* incedas *pro* incedis *B*, incidas *PR* eundo *pro* eundem *S* in suas partes *R*
¹⁰ Instantia *praemittit B, in marg. P* dicas *pro* dicatur *S* perfectum *pro* imperfectum *BP*
¹¹ Solutio *praemittit B*, Responsio *P* facta *in marg. m. rec. B, om. PRS*
¹² cum *pro* tamen *R* tempora, a *suprascr. B* divisiones *pro* diffinitiones *S* oppositis *pro* oppositas *P* enim *in marg. B, om. PRS* unum solum *BPRS* ad duo *pro* aliud vero *S* semiplenitudine vocis, vocis *in marg. B* postea vocis aliud vero vocis *del. B*

171

Capitulum Quintum

[42] DE DISTANTIA ET DIFFERENTIA MODI CANTANDI DE TEMPORE IMPERFECTO INTER GALLICOS ET ITALICOS ET QUI RATIONABILIUS CANTANT

[1] Sciendum est autem quod inter Italicos et Gallicos est magna differentia in modo proportionandi notas semibreves in modo cantandi de tempore imperfecto. [2] Nam Italici semper attribuunt perfectionem a parte finis, sicut fit proportionando eas ad invicem in modo cantandi de tempore perfecto; [3] Gallici vero attribuunt perfectionem a parte principii. [4] Unde Italici dicunt quod nota finalis plus continet perfectionis, eo quod finis; [5] sed Gallici oppositum dicunt, scilicet quod hoc sit verum de tempore perfecto; de tempore autem imperfecto dicunt ipsi: Finalis semper est imperfectior, eo quod finis.

[6] Quaeritur ergo qui rationabilius cantent.

[7] Et respondemus quod Gallici. [8] Cuius ratio est, quod sicut in re perfecta ultimum complementum et perfectio ipsius dicitur esse a parte finis (perfectum enim est cui nihil deest, non solum a parte

---

B 82v   M 103v   P 97   R 104r   S 86r

Capitulum *om.* PRS   quintum *om.* BPRS   De distantia... cantant *om.* S   diferentia B   modi *om.* PR   candandi R   galicos BP   rationabilis B   cantant. Rubrica M

42. [1] Sciendum *corr. ex* siendum *m. rec.* B   semibreves *corr.* B, similiter R   in modo cantandi *om.* S,   modi *pro* modo B

[3] autem *pro* vero BPR

[4] finalis *corr. m. rec.* B, finis PR   de perfectione *pro* perfectionis BPR   eo quod finis *om.* S

[5] Sic *pro* sed M, sed *corr. ex* sic B   opositum P   finales *pro* Finalis BPR   perfectior *pro* imperfectior M

[6] Quare *pro* Quaeritur *corr.* B, PR, qui S   ergo *corr.* B   qui *om.* BPRS   cantant *pro* cantent *corr.* B, PRS

[7] Et *corr.* B, *om.* S

[8] quod *corr.* B, quia PRS   imperfectior *pro* et perfectio BPR   enim *in marg.* B   nulla *pro* nihil BPR

principii, sed etiam a parte finis), ita in re imperfecta, imperfectio et defectus ipsius sumitur a parte finis. ⁹ Res enim ex hoc dicitur imperfecta ex eo quod a parte finis aliquid deest sibi. ¹⁰ Si igitur cantare velimus, seu proportionare voces in modo cantandi de tempore imperfecto, ita debemus rationabiliter imperfectionem semper attribuere notae finali, sicut ei attribuimus perfectionem in modo cantandi de tempore perfecto. ¹¹ Et ex hoc concluditur quod Gallici et melius cantent et rationabilius in tali modo cantandi quam Italici.

¹² Modus etiam cantandi Italicorum potest etiam sustineri, dicendo quod imitantur perfectionem in quantum possunt; quod est rationabile satis, scilicet imperfectum semper reducere ad perfectum.

¹³ Cum igitur possit proportio de tempore imperfecto reduci ad perfectionem de tempore perfecto (quod est reducere imperfectum ad perfectum), ideo Italicorum cantus de tempore imperfecto satis potest rationabiliter sustineri. ¹⁴ Dicendum est ergo quod in tali modo Gallici proprius et melius cantent, ratione praedicta. ¹⁵ Italicorum vero cantus potest etiam, ratione dicta, satis rationabiliter sustineri.

Capitulum Sextum

[43] DE NOMINIBUS ET PROPORTIONIBUS SEMIBREVIUM DE TEMPORE IMPERFECTO MODO GALLICO ET ITALICO

¹ Si enim duae semibreves accipiuntur pro tempore imperfecto, tunc, et secundum Gallicos et secundum Italicos, aequaliter proferuntur.

---

in re *om.* S   perfecta *pro* imperfecta BPRS   deffectus R
   ¹⁰ volumus *pro* velimus S   enim *pro* ei S   atribuimus S
   ¹¹ quod *om.* B   et melius, et *om.* BPRS   cantant *pro* cantent BPRS
   ¹² cantandi *om.* R   substineri BP, substinere S
   ¹³ perfecto satis potest PS   substinere S
   ¹⁵ praedicta *pro* dicta BPRS   substinere S

   B 83r   M 104r   P 97   R 105r   S 85v
   Capitulum *om.* PRS   sextum *om.* BPRS   De nominibus... Italico *om.* S   semibrevibus M

² Et quia ipsae sunt primae partes divisionis temporis imperfecti, ideo dicuntur maiores naturaliter eo quod comparantur duabus primae divisionis temporis perfecti.

³ Per artem vero potest ipsarum una caudari, ut hic:

Ex. 93

et tunc, secundum Italicos, transimus ad secundam divisionem temporis imperfecti, quae est in quattuor semibreves aequales. ⁴ Et quia haec secunda divisio imperfecti temporis comparatur subtractive ad secundam divisionem temporis perfecti, quae est in sex, ideo vocantur minores via naturae. ⁵ Et tunc caudata de dictis quattuor, quae dicitur maior per artem, tres partes continet, non caudata remanente in sua natura.

⁶ Secundum autem Gallicos, si ipsarum una caudetur, statim transimus ad tertiam divisionem temporis imperfecti, quae est in sex semibreves aequales, quae vocantur minimae in primo gradu, eo quod ultra divisionem minorum semibrevium dividuntur. ⁷ Et tunc dicta caudata de sex partibus quinque continet via artis, non caudata in sua natura sistente.

⁸ Si vero tres semibreves fuerint pro tempore imperfecto, ut hic:

Ex. 94

---

43. ² propriae *pro* primae M, *om.* S   et divisionis S   comperantur *pro* comparantur B

³ quod *pro* vero S   una ipsarum PRS   ut hic patet B

Ex. 93:   PR, B *in textu cum clavi* F *in eadem linea*, ♩• *in textu sine lin.* S

semibreves, s *in fine suprascr.* B

⁴ secundaria *pro* secunda R   comperatur B   cum *pro* est S

⁶ ad *corr. ex* a B   ternaria *pro* tertiam S   semibreves *corr. in marg.* B divisione *pro* divisionem R   minimorum *pro* minorum BP, minimarum R   semibreves *pro* semibrevium BPR

⁷ viam *pro* via B

Ex. 94:   BPR, ∘•• *in textu sine lin.* S   etc. Bc   etc. D tunc, Italice cantando, ultima, eo quod finis, aequivalet duabus aliis in valore.

⁹ Modo autem Gallico, ut inveniatur proportio et perfectio totius mensurae omnium sex partium, prima continet tres, secunda duas, tertia vero unam; et vocantur maior, minor, minima.

¹⁰ Si autem quattuor, ut hic:

Ex. 95

tunc, Italice cantando, aequaliter proferuntur. ¹¹ Modo autem Gallico, eo quod ipsi non excedunt senarium numerum (licet possent in divisione temporis imperfecti), ipsarum quattuor prima duas partes continet de sex, secunda unam: et illae duae simul medietatem perfectionis instituunt; tertia iterum duas, et quarta unam, quae faciunt aliam medietatem perfectionis. ¹² Et iste modus proportionandi quattuor notas in sex partes temporis fuit omnino necessarius, servando formam Gallicam; ¹³ nullo enim alio modo posset talis proportio seu perfectio reperiri sine defectu et excessu perfectionis ipsius, sicut patet intuenti. ¹⁴ Si enim primae duae darent singulariter duas partes temporis, reliquis continentibus singulariter solum unam, tunc inter partes non esset proportio: nunquam enim in talibus partibus medium proportionis posset rationabiliter et naturaliter reperiri; et hoc dicimus via

---

⁹ omnium *corr. B,* omni *P, om. in ras. R* nec sex partium *BPR*

Ex. 95: *B in textu, P, R* 4 *cum cauda in sursum,* • • • •
in textu sine lin. S etc. *Bc* etc. *D*

¹¹ gallico *in marg. B, supracsr. P, om. R* possint *pro* possent *S* imperfecti temporis *BPRS, reiec. c. c.* continet *in marg. m. rec. B, om. PRS* mediate *pro* medietatem *S* constituunt *pro* instituunt *BS* instituunt... perfectionis *om. PR* iterum continente duas, continente *in marg. m. rec. B*

¹² gallicanam *pro* gallicam *R*

¹³ alio *om. R* si non *pro* sine *S* deffectu *R* exceptione *pro* excessu *S*

¹⁴ singulariter *corr. B* dua *pro* duas *P* duas partes temporis singulariter *S* singulariter *alterum in marg. m. rec. B, om. PRS* et hoc dicimus via naturae *om. S*

naturae.   ¹⁵ Via autem artis hoc posset fieri, signum artis addendo, ut hic:

Ex. 96

¹⁶ Si autem quinque, ut hic:

Ex. 97

tunc, secundum Italicos, ad quartam divisionem temporis imperfecti pertinent, quae est in octo; quae comparantur divisioni temporis perfecti, quae est in duodecim, scilicet subtractive; quae vocantur minimae in secundo gradu.   ¹⁷ Et tunc duae primae dicuntur minimae, reliquis remanentibus in secunda divisione ipsius temporis imperfecti. ¹⁸ Per artem vero possunt ipsae minimae aliter locari in ipsis quinque, ut hic:

Ex. 98

vel hic:

Ex. 99

---

¹⁵ Via autem... addendo *om.* S   ut hic (*exemplum*) vel hic (vel ut hic S) *exemplum bifarie dividunt* BPRS

Ex. 96: [music] BPR, *vel hic* [music] *add.* B, [music] *vel ut hic* [music] *in textu sine lin.* S

Ex. 97: [music] B *in textu*, PR, *in textu sine lin.* S [music] etc. Bc [music] etc. D

¹⁶   comperantur B, comparatur S   in secundo gradu *om.* R
¹⁷   Et tunc... minimae *om.* R   primae duae BP

Ex. 98: [music] B *in textu*, PR, [music] *in textu sine lin.* S

[music] D

¹⁸   vel ut hic S (*exemplum* 99)

Ex. 99: [music] PR, B *in textu* 2 *sine cauda, et in marg. corr.*, [music] [music] *in textu sine lin.* S, vel hic *cum exemplo* B [music]

¹⁹ Secundum autem Gallicos, tres primae, via naturae, sunt aequales minimae, quarta continente duas, ultima vero unam. ²⁰ Semper enim cum transeunt ultra quattuor semibreves, accipiunt tres primas minimas pro medietate temporis; post hoc ponunt perfectiorem immediate ante imperfectiorem, et proportionant eas ad invicem. ²¹ Et sic semper debet intelligi quando dicitur quod Gallici ponunt perfectionem a parte principii.

²² Si autem sex, ut hic:

Ex. 100

tunc, secundum Italicos, quattuor primae sunt minimae, quattuor de octo partibus temporis mensurantes, duabus aliis remanentibus in secunda divisione. ²³ Volumus enim quod, quomodocunque praedictae quattuor minimae sumantur in modo Italico, sive ponantur a parte principii, sive a parte finis, eisdem semper addatur cauda in sursum, ut hic:

Ex. 101

²⁴ Et est ratio quia, ut dictum est superius, Italici, post secundam divisionem temporis imperfecti, quae est in quattuor, transeunt ad

---

¹⁹ via naturae *om. BPRS*
²⁰ cum transeunt... post hoc *om. BPRS*   perfectionem *pro* perfectiorem *BS, corr. R*   ante *corr. B*   imperfectionem *iterum BS*
²¹ sic *om. P*   debent semper *S*   debent *pro* debet *BS*   quando dicitur *om. PR*

Ex. 100: [music] *B in textu, PR, in textu sine lin. S*

[music] *etc. D, om. Bc*
ultimae *pro* minimae *PR*   temporis *om. S*
²³ Volumus... eisdem semper *om. BPRS; pro quibus verbis haec addunt* per artem vero possunt aliter fieri, scilicet minimis (numeris *S*)   addendo *pro* addatur *BPRS*   caudam *pro* cauda *BPRS*

Ex. 101: [music] *B in textu, PR in textu sine lin. S*

[music] *Bc*
²⁴ totum numerum *om. BPRS*

quartam divisionem ipsius, quae est in octo, nec unquam stant in sex naturaliter.

²⁵ Secundum autem modum Gallicum omnes sunt aequales et, ut praedicitur, minimae nominantur, ut hic:

Ex. 102

²⁶ Si vero septem fuerint, ut hic:

Ex. 103

tunc, Italico modo, sex primae sex partes temporis continebunt, ultima vero duas, nisi forte artificialiter distinguantur, ut hic:

Ex. 104

²⁷ Si autem octo, ut hic:

Ex. 105

tunc omnes minimae aequaliter proferuntur.

²⁸ Si autem aliquis in modo Gallico plures quam sex semibreves pro tempore imperfecto constituere voluerit, mox incidet in eorum tertiam divisionem ipsius temporis, quae est ipsarum sex in duodecim, quarum quidem aliquae caudari debent in sursum, ut hic:

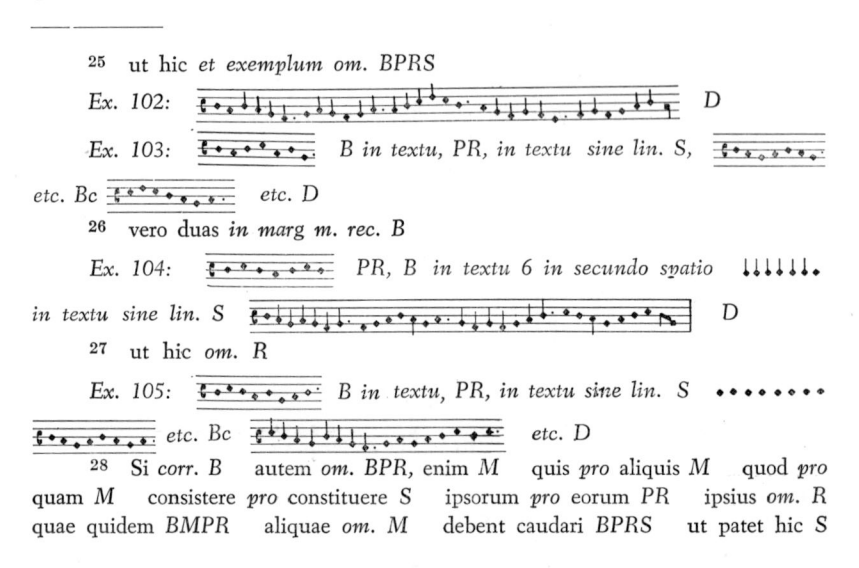

---

²⁵ ut hic *et exemplum om.* BPRS

Ex. 102: D

Ex. 103: B *in textu*, PR, *in textu sine lin.* S, etc. Bc etc. D

²⁶ vero duas *in marg m. rec.* B

Ex. 104: PR, B *in textu* 6 *in secundo spatio* *in textu sine lin.* S D

²⁷ ut hic *om.* R

Ex. 105: B *in textu*, PR, *in textu sine lin.* S etc. Bc etc. D

²⁸ Si *corr.* B autem *om.* BPR, enim M quis *pro* aliquis M quod *pro* quam M consistere *pro* constituere S ipsorum *pro* eorum PR ipsius *om.* R quae quidem BMPR aliquae *om.* M debent caudari BPRS ut patet hic S

Ex. 106

²⁹ Sed posset aliquis dicere: Quomodo possunt cognosci semibreves caudatae in sursum, quod pertineant ad tertiam divisionem, quae est in duodecim, vel ad secundam, quae est in sex, cum etiam de sex multipliciter aliquae caudentur in sursum?

³⁰ Dicimus quod numerus notarum existens in sex, vel ultra sex transiens; ut hic in sex:

Ex. 107

vel hic in duodecim:

Ex. 108

³¹ Ut enim sciatur secundum quam divisionem temporis imperfecti debeamus cantare cantus mensuratos, Gallicum an Italicum sequentes modum, dicimus quod in principio cuiuscunque cantus Gallici, supra signum quod apponitur temporis imperfecti, in ipsius principio ponatur .G., ad notandum sive ad innuendum quod talis cantus Gallice proferatur; ³² sicut in musica plana auctores musicae ponunt . Γ. in principio manus, ad ostendendum quod ipsam musicam a Graecis

---

Ex. 106: ♩ *B in textu, PR sine puncto divisionis post 7,* ♩ *in textu sine lin. S*

²⁹ pertineat P
³⁰ in sex *om.* S

Ex. 107: ♩ *B in textu, PR sine puncto divisionis post 3,* ♩ *in textu sine lin. S*
vel ut hic S

Ex. 108: ♩ *B in textu, PR sine puncto divisionis post 7, in P 15 est longa,* ♩ *in textu sine lin. S*

³¹ autem *pro* enim S   siatur B   debemus *pro* debeamus BPS   aut *pro* an P, vel R   sequentem *pro* sequentes S   primo *pro* principio BPS   tempori imperfecto S   ad denotandum BPRS   inuendum S   tales *pro* talis B
³² *pro signo* gamma *habent* BPRS   Graeci *pro* Graecis P

179

habuerunt. [33] Nos enim ab ipsis Gallicis talem divisionem habuimus temporis imperfecti.

[34] Si autem proportionaretur unus cantus de divisione ipsius temporis imperfecti secundum Gallicam et Italicam divisionem mixte, dicimus quod in principio cantus Gallici dicta littera .G. apponatur, in principio vero cantus Italici .Y. graecum (quod est principium nominis eorum) similiter apponatur.

EXPLICIT LIBER SECUNDUS DE TEMPORE IMPERFECTO MUSICE LOQUENDO

---

[33] habemus *pro* habuimus P, hemus S

[34] in principio vero, in *om.* B   Et haec de libro secundo scilicet de tempore imperfecto Musice loquendo *add.* PR

Subsciptionem om. PRS

DIVISIONS OF «TEMPUS»

	Perfect		Imperfect	
	Princip. div. (3 x 2 x 2)	Second. div. (3 x 3 x 3)	Italian	French
1st div.	in three semibr. (3) ♦ ♦ ♦		in two semibr. (2) ♦ ♦	
2nd div.	in six (3 x 2)	in nine (3 x 3)	in four (2 x 2)	in six (2 x 3)
3rd div.	in twelve (3 x 2 x 2)	in twentyseven (3 x 3 x 3)	in eight (2 x 2 x 2)	in twelve (2 x 3 x 2)

LIBER TERTIUS

44 DE MUSICA MENSURATA ET DE HIIS QUAE TRACTANTUR IN EA IN QUANTUM EX EIS CONSURGAT DIVERSIMODA ARMONIA

¹ Quoniam musica mensurata est de cantu principaliter mensurato, ostensis et determinatis ac etiam demonstratis accidentibus ipsius musicae mensuratae, quantum ad simplicem modum figurationis ipsorum, simpliciter et absolute considerando ipsa, nunc restat videre qualiter ipsae notae cum accidentibus suis ad invicem connectantur, ut ex eis consurgat diversimoda et rationabilis armonia, quae discantus proprie nominatur.

² Ad hoc videndum hoc ordine procedemus:

³ primo enim tractabitur de ipso discantu in se et absolute;

⁴ secundo, tractabitur de modo ligandi notas ad invicem, sive de ligaturis;

⁵ tertio, tractabitur de ipsis modis diversimode discantandi.

B 84v   M 105v   P 100   R 107r   S 87r
Titulum om. S   in *pro* ex BPR   armonia. Rubrica M
44. ¹ cum nectantur *pro* connectantur B   consurgit *pro* consurgat B
³ de se *pro* in se S
⁵ discantando S

183

TRACTATUS PRIMUS
et
Capitulum Primum

DE DISCANTU QUID SIT

[1] Discantus, secundum magistrum Franconem, est diversorum cantuum consonantia, in qua illi diversi cantus per voces longas, breves et semibreves proportionaliter adaequantur; et in scripto per debitas figuras proportionari ad invicem designantur.

[2] Hanc autem diffinitionem sic demonstramus: certum est enim quod mensura non potest esse, sive cadere, nisi inter duo diversa; est enim mensura habitudo secundum longitudinis quantitatem et brevitatis mensurantis ad mensuratum. [3] Oportet ergo quod duo cantus diversi sint, si debent ad invicem mensurari; nihil enim potest esse mensura sui ipsius, nisi solus Deus. [4] Et quia inter mensurans et mensuratum debet esse proportio et uniformitas, ideo dixit magister Franco quod discantus erat diversorum cantuum consonantia. [5] Et quia ista mensura non est de lineis geometricis, sed est de tempore mensurante

---

B 84v   M 105v   P 100   R 107r   S 87v
  Tractatus primus *om.* RS, *in marg.* P   capitulum primum *om.* PRS   Capitulum primum et tractatus primus M   sit. Rubrica M
  45. [1] diversas *pro* debitas BPRS
    [2] divisionem *pro* diffinitionem S   demostramus B   neque *pro* sive S   quantitatem lingitudinis M, longitudinem S   bravitas *pro* brevitatis P
    [3] sint diversi BPRS   proportionari *pro* mensurari PR
    [4] et mensuratum *in marg. infer.* B   Francus *in marg. ex* F. *corr.* B   cantuum *om.* P

vocem prolatam et omissam, per cuius applicationem formantur voces et notae longae et breves, et per cuius divisionem formantur voces et notae semibreves, et in scriptis etiam figurantur;   [6] ideo subiunxit quod illi diversi cantus adaequantur, proportionantur et mensurantur per voces longas, breves et semibreves, et per notas scriptas etiam longas, breves et semibreves diversimode figuratas.   [7] Licet autem discantus dicatur alius simpliciter prolatus, alius truncatus et alius copulatus, qui discantus sunt organum communiter sumptum (licet organum proprie sumptum aliter accipiatur);   [8] nostrae intentionis est solum de discantu simpliciter prolato tractare, aliis dimissis, de quibus sufficienter tractavit magister Franco.

FINIT TRACTATUS PRIMUS

---

[5] voces prolatas S   obmissam BPR, omissas S   et longae BPR   *post* divisionem R *habet, sed linelula del.* cantus adaequantur proportionantur et mensurantur per voces longas, breves et semibreves; *quae verba vide ad num.* 6 semibreves, ves *suprascr.* B

[6] cantus diversi M   et breves M   etiam scriptas R

[7] et alius, et *om.* P   simpliciter *pro* communiter BPR

[8] solum est M   dimissis *corr.* B

TRACTATUS SECUNDUS

DE MODO LIGANDI NOTAS AD INVICEM SIVE DE LIGATURIS, EX QUO CONSURGIT IPSE DISCANTUS

Capitulum Primum

DE DIFFINITIONE LIGATURAE ET DISTINCTIONE IPSIUS

[1] Ligatura est coniunctio figurarum simplicium per tractus debitos ordinata.

[2] Ligaturarum alia ascendens et alia descendens, ut patebit; et hoc secundum magistrum Franconem. [3] Per quod patet quod essentialis ratio ligaturae est per ascensum et descensum; per quod verbum et per alia intendimus reprobare errorem ligantium in eodem spatio vel in eadem linea plures notas.

B 85r   M 106r   P 100   R 108r   S 87v
Titulum om. S   Tractatus secundus *in marg.* P, *om.* R
Capitulum *etc. om.* S   ipsius. Rubrica *M*
46. [1] conversio *pro* coniunctio *corr.* B, PR; aliter coniunctio *in marg. m. rec.* B; *haec duo verba etiam in Franconis manuscriptis libris alternatim inveniuntur;* coniunctio *habent* BcDR₃
[3] esscentialis ratio *corr.* B, essentiali ratione PRS   et descensum *in marg.* B, et per descensum S   probare *pro* reprobare M

CAPITULUM SECUNDUM

⁴⁷ DE NOTIS QUAE POSSUNT LIGARI AD INVICEM
ET QUOMODO

¹ Ad videndum autem ad quid notae ligentur ad invicem, et quomodo possunt ad invicem copulari, et quid earum copulatio innuat, est sciendum primo quod de essentiali perfectione notae longae est, quod directe et plane figuretur, sicut probatum est supra in primo libro; de accidentali vero proprietate ipsius est caudari. ² Si enim hoc esset essentiale, cum etiam semibreves caudentur, semibreves etiam essent longae. ³ Sufficit ergo in ligatura quod longa quaelibet figuretur quadrangulariter in directum. ⁴ Hoc est primo notandum.

⁵ Secundo vero notandum est quod notae copulantur ad invicem ad perfectionem in cantu constituendam. ⁶ Unde quaelibet ligatura quaedam perfectio potest dici, ita tamen quod perfectio notae sit distincta a perfectione ligaturae.

⁷ Ex istis ergo sic arguimus: Omnis perfectio principaliter consistit in principio et in fine; quicquid enim perfectionis habet medium, a

---

B 85r   M 106r   P 101   R 108r   S 88r

Capitulum *om.* PRS   secundum *om.* BPRS   De notis... quomodo *om.* S
comodo *pro* quomodo B   quomodo. Rubrica M

47. ¹ autem *om.* S   quid cantus eorum B, cantus *suprascr. m. rec.*; eorum *etiam* PR   innuet *pro* innuat S   primum *pro* primo BPR   proprietate vero B, vero *om.* S   cauda *pro* caudari S

² semibrevis caudetur BPRS   semibreves etiam *corr. ex* semibrevis e. S

³ quaelibet longa P   quadrangular *pro* quadrangulariter BR, quadragular P, quadrangularis S   in *om.* S   indirecta BPR

⁴ *totum numerum om.* PR   est *om.* BS   nota *pro* notandum BS   vero circa praedicta *add.* B   *post* nota *decem litterarum lacuna in* S

⁶ dici potest S   distantia *pro* distincta PR, *post* ligaturae *parva lacuna in* S

⁷ Argumentum ad praedicta *praemittit* B

187

principio et a fine habet; [8] sapit enim naturam extremorum, propter quod cum nota longa sit perfectior brevi, habemus quod non possunt nisi duae longae ad invicem colligari in aliqua ligatura. [9] Quia si essent plures, licet essent omnes quadratae in directum, et ex hoc possent dici longae, tamen perfectionem totius ligaturae non dicit nisi prima et ultima. [10] Et ideo illae solum debent dici longae, aliis remanentibus naturaliter brevibus. [11] Et hoc dicimus in descendenti ligatura et non in ascendenti.

[12] Duae autem longae in binaria et descendenti ligatura sic figurantur:

Ex. 109

cum brevibus vero sic:

Ex. 110

[13] Cuius ratio est quia semper perfectio innuitur in deorsum, ut in tractatu de proprietatibus superius est ostensum.

[14] In ascendenti vero ligatura, semper innuitur imperfectio, ut etiam ibidem ostensum est: [15] et propter hoc, in ascendenti ligatura, prima remanet brevis, ut hic:

Ex. 111

---

[8] eorum *pro* extremorum M   tamen *pro* cum P   longa nota PR   possint *pro* possunt BPR

[9] omnes essent S   in *pro* nisi R

[10] illae *om.* BPRS

[12] figuretur *pro* figurantur P

Ex. 109:   BPR, in textu sine lin. S

Ex. 110:   BPR,   S *om.* 4-6

[13] Ex hoc *pro* Cuius BPR, Et huius S

[15] prima *om.* P   remaneret *pro* remanet BPR

Ex. 111:   B, *om.* PR,   in textu sine lin. S

nisi forte eidem proprietas adderetur in parte dextra, ut hic:

Ex. 112

¹⁶ Si autem ultima sit figurata in directum, remanet longa, eo quod figurata est in directum, ut hic:

Ex. 113

¹⁷ Si autem figuretur ex latere dextro, brevis est, eo quod per indirectum figuratur, ut hic:

Ex. 114

¹⁸ Ligatura autem in deorsum, cuius principium et finis sumitur in obliquum, locum tenet solum duarum notarum, quantumcunque per lineas et spatia protrahatur. ¹⁹ Cuius ratio est quia pro uno corpore figuratur, in quo non potest sumi distinctio nisi a parte principii sive finis. ²⁰ Ille autem tractus medius loco linearum et caudarum assumitur. ²¹ Et quia a principio descendunt, quod est innuere longitudinem, ideo dicunt primam notam longam, quomodocunque figuretur obliqua, ut hic:

Ex. 115

---

in partem dextram S, dextera PR

    Ex. 112:   BPR,   in textu sine lin. S

  ¹⁶   ultima ligatura S   sic *pro* sit B   remaneret *pro* remanet R   brevis *pro* longa S   figurata *om.* S

    Ex. 113:   BPR,   in textu sine lin. S

  ¹⁷   totum numerum *om.* S   per directum BPR

    Ex. 114:   BPR, *om.* S

  ¹⁸   summitur S

  ¹⁹   figurantur BPRS   summi BS, sive PR   distinctio, di *suprascr.* B et *pro* sive M

  ²⁰   et *om.* BPR   caudatarum *pro* caudarum BPR   summitur *pro* assumitur B, sumitur P, asummitur S

  ²¹   ad principio S   descendit *pro* descendunt BPRS   inuerit *pro* est innuere B, innuerit PR, innuit S   ideo *om.* S   obliqua *om.* S

    Ex. 115:   BPR, S semel

quod tunc est ab arte, potius quam a natura. ²² Et quia a finali ascendunt, ipsam finalem ab obliquo protractam innuunt esse brevem: quod est intelligendum quando principium sit supra, et finis infra, ut hic:

Ex. 116

²³ Si autem sumatur principium ab infra et finis sit supra, ut hic:

Ex. 117

tunc, quia principium habet lineas ascendentes, prima erit brevis. ²⁴ Et quia finis non potest excedere principium sui generis, ideo ultima superior erit brevis, quantumcunque sit caudata in deorsum.

²⁵ Et hoc quod dictum est de ligaturis istis, est dictum quoad perfectionem ipsarum. ²⁶ Quantum enim ad proprietates, dicimus secundum magistrum Franconem, quod proprietas addita ligaturae descendenti (quaecunque sit illa) in parte sinistra, innuit primam brevem, ut hic:

Ex. 118

ratione de caudis superius allegata.

²⁷ Si vero ligaturae ascendenti addatur proprietas in parte dextra, innuit notam longam, ut hic:

---

quia *pro* quod P   ab natura S
²² ascendit *pro* ascendunt S   oliquo *pro* obliquo M   propterea *pro* protractam BPR, *om.* S   innuit *pro* innuunt S   quod *pro* quando M, *om.* BPR   sic *pro* sit R   supra finem S   et finis infra ut hic *om.* S   infra *in marg. m. rec.* B, *om.* PR

    Ex. 116:   BPR, *om.* S
²³ sumant *pro* sumatur B, summatur M   sit supra, sit *om.* BMPR
    Ex. 117:   BPR,   *in textu sine lin.* S
²⁴ in deorsum ut hic B, ut hic *in marg. m. rec.; sequitur exemplum*
²⁵ istud *pro* istis PR   dictum est quoad S
²⁶ proprietatem *pro* proprietates S
    Ex. 118:   BPR,   *in textu sine lin.* S
ratio *pro* ratione BPR
²⁷ addam *pro* addatur R   proprietates *pro* proprietas R   dextera PR

Ex. 119

[28] A parte autem finis, nec in sursum nec in deorsum additur proprietas, nisi per modum plicae, sive sit ultima supra vel infra, sive sit quadrata, sive obliqua, ut hic:

Ex. 120

Capitulum Tertium
DE PLICIS

[1] Ut autem videatur in ligaturis quae nota plicari debeat, et quomodo, videndum est de ipsis plicis. [2] Ubi sciendum est quod plica fuit adinventa in cantu ut per ipsam aliqua sillaba dulcius proferatur, quod fuit ad constituendam perfectiorem scilicet armoniam. [3] Ad cognoscendam ergo ipsam, oportuit proprietatem aliquam sibi addi, quae diceret proprietatem ipsius in scripto sicut in voce; et ideo oportuit quod talis proprietas sibi esset adiuncta. [4] Et quia protractio innuitur per caudas, ideo naturaliter plicae plus est addita una cauda, et per comparationem ad ipsam, in dextrorsum vel sinistrorsum, sursum

---

Ex. 119: B, PR 4 *sine cauda,* *in textu sine lin.* S

[28] vero *pro* autem PR nec sursum S etiam *pro* nisi BPR sive quadrata M

Ex. 120: BPR, *in textu sine lin.* S

B 86v   M 106v   P 103   R 109v   S 88v

Capitulum *om.* PRS tertium *om.* BPRS De plicis *om.* S et ligaturis *add.* BPR plicis. Rubrica M

48. [1] autem *in marg. m. rec.* B, *om.* PRS quo *pro* quae R

[2] est *om.* PR casu *pro* cantu PR similia *pro* sillaba R proferantur R fuerit ad constituendum PR, ad constituendum etiam B

[3] cognoscendum BMPR ergo *suprascr.* B, *om.* PRS in ipsius scripto BPRS quia *pro* quod S sibi *in marg. m. rec.* B, *om.* PRS

[4] innuit *pro* innuitur BPRS plicae *in marg. m. rec.* B, *om.* PR addita est M deorsum *pro* dextrorsum BP, dextrum M in sinistrorsum B,

vel deorsum, innuitur plica longa vel brevis, ascendens vel descendens, addendo caudas sive proprietates, quae innuunt notas longas et breves, per sursum et deorsum, dextrorsum et sinistrorsum.

⁵ Longa enim plica, sursum et deorsum, figuratur sic, et in simplicibus figuris et etiam in ligatis, ut hic:

Ex. 121

⁶ Brevis vero sic:

Ex. 122

⁷ Si autem plica fuerit brevis et in deorsum, dicimus quod si de tempore perfecto cantabitur, tertia pars ipsius plicabitur in deorsum usque ad sequentem distantiam: ⁸ supple, si nota quae sequitur ab ipsa plica distabit per tertiam; ad tertiam vero distantiam plicabitur, si nota ipsam sequens distabit per quartam, et sic de ceteris, quae habent notas infra sequentes, ut hic:

Ex. 123

---

in *suprascr. m. rec.*, sinistrum *M*   innuit *pro* innuitur *BPRS*   longalis *pro* longa vel *BPR*   dando *pro* addendo *BPRS*   longas notas *BP*   vel breves *R*   deorsum *pro* dextrorsum *S*

⁵ figuratur sic *cum exemplo* ♩♭ *S*   et in simplicibus, et *om. S*, et in plicis *BPR*   figura *pro* figuris *BPR*   contra *pro* etiam *PRS, corr. ex* e contra *B*   ut hic *om. BPRS*, brevis sic *habent PR*

Ex. 121:   *B in textu, P om.*

⁶ longa *pro* brevis *PR*

Ex. 122:   *B* ♭♩ *in textu sine lin. S*

⁷ brevis *om. S*   imperfecto *pro* perfecto *S*   ipsius brevis plicabitur *BPR*
⁸ suple *BM*   ad ipsam *pro* ab ipsa *S*   plica... vero distantiam *om. BPRS*   applicabitur *pro* plicabitur *S*   post per quartam *habent* ad tertiam vero distantiam plicabitur, si nota ipsam sequens distabit per quartam *BPR*; *quae verba commutato ordine huc irrepsisse videntur*   post quartam *habet* ad tertiam distantiam plicabitur *S*   infra se *M*   ut hic patet *BPR*

Ex. 123:   *in textu BR, P*,   *in textu sine lin. S*

192

⁹ Si vero nota sequens plicam fuerit in eodem spatio vel linea cum ipsa, tunc etiam plicabitur ad secundam distantiam descendentem, ut hic:

Ex. 124

¹⁰ Si vero plica fuerit longa, tunc ultimi sui temporis plicabitur tertia pars, modo praedicto, ut hic:

Ex. 125

¹¹ In sursum etiam plicabitur et longa et brevis, modo quo et in deorsum, scilicet prout notae erunt post ipsas per distantias situatae.

¹² Plicare autem notam est praedictam quantitatem temporis protrahere in sursum vel in deorsum, cum voce ficta etiam dissimili a voce integre prolata; ut dicebat magister Franco, et bene, quod in plica debet esse divisio eiusdem soni.

¹³ Si vero plica fuerit in tempore imperfecto, tunc quarta pars ipsius plicabitur, modo praedicto, si fuerit brevis; si longa, sui ultimi temporis quarta pars.

---

⁹ sequens plica *BPRS*   cum ipsa *om. BPR*   tuc *pro* tunc *M*   etiam... ut hic *om. BPR*   contra *pro* etiam *S*   ad ipsam descendentem distantiam *S*   ut hic patet *BR*

Ex. 124: *om. BPR*, ♩♩♩♩ *in textu sine lin. S*

¹⁰ Si vero... tunc *om. BPR*   longa fuerit *S*   ultima *pro* ultimi *corr. B, PR*   plicabimus *B*   ut hic patet *R*   Ad *praedictam lacunam B in margine inferiore add.*: Aliter dicendo. Si vero nota sequens plicam... *usque ad exemplum 124 cum lectionibus*: descendentem distantiam *B*   ut hic patet ♪♪ *B*   longa fuerit *B*   plicabimus *B*   ut hic patet *B*

Ex. 125: ♪♪♪♪ *B in textu* ♪♪♪♪ *R in textu*

♪♪♪♪ *P*, ♪♪♪ *in textu sine lin. S*

¹¹ erit post *corr. B,* autem potest *PR,* ante aut post *S*   distantiam *pro* distantias *BPRS*

¹² praedictam partem temporis, partem temporis *del. S*   sita *pro* ficta *M*   etiam *om. BPRS*   integra *S*

¹³ autem *pro* vero *BPRS*

¹⁴ Semibrevibus vero ligatis, quae debent plicari et sursum et deorsum, addatur cauda, ut hic:

Ex. 126

¹⁵ Simplicibus autem, si maiores fuerint via artis, addatur cauda quae versus dextrum latus trahatur per ascensum et descensum, hoc modo:

Ex. 127

¹⁶ Si vero fuerint maiores via naturae, tunc cauda versus latus sinistrum protrahatur, et sursum et deorsum, ut hic:

Ex. 128

¹⁷ Sed notandum est quod si pro tempore perfecto duae semibreves ponantur, quarum una plicetur, si continens tertiam partem plicabitur (quae est maior via naturae), plicatur sursum et deorsum in medietate sui, quae est sexta pars temporis perfecti, ut hic;

Ex. 129

¹⁸ Si continens duas (quae est maior via artis), plicabitur in sui

---

14 Semibrevibus *corr.* B, semibreve P, semibreves R   ligata *pro* ligatis P, ligatae R   debet addi *pro* addatur S   ut hic exemplificatur R

Ex. 126: BPR, *in textu sine lin.* S

15 addantur *pro* addatur BPRS, add. duae caudae ita videlicet quod BPRS quae *in marg. m. rec.* B, *om.* P, quae est BRS   protrahatur M, trahantur BPRS, add. versus sinistrum longior sinistra BPRS.

Ex. 127: BPR, *in textu* S

16 fuerint *corr.* B, fuerit S   et cauda sinistra longior sit dextra *om.* M   tunc cauda... potrahatur *om.* BPRS   et sursum PR, et *del.* B

Ex. 128: post 3 puctum habet M   BPR,   *in textu* S

17 Notabile *praemittit* B   est *om.* PR

Ex. 129: BPR, *in textu* S

18 partes in sursum et deorsum PR   maior *om.* S   artis plicabitur in sui

medietate sursum et deorsum, quae est tertia pars temporis ipsius, ut hic:

Ex. 130

[19] In tempore autem imperfecto, plicabitur semibrevis maior via artis in tertia parte sui, quae est quarta pars ipsius temporis imperfecti, ut hic:

Ex. 131

[20] Dicamus ergo quod tam in tempore perfecto quam in imperfecto tantum valet plicatio notae brevis in valore, quantum valeret nota semibrevis quae post ipsam posset addi. [21] Et haec de plicis sufficiant hic dicta.

Capitulum Quartum

49

DE ERRORE CIRCA LIGATURAS ET PRIMO IN UNIVERSALI

[1] Sciendum est autem quod plures notae in eadem linea vel in eodem spatio, tam perfectae quam imperfectae, ad invicem colligantur ab aliquibus.

---

quae est sexta naturae *repetitum del.* B   sursum et deorsum *om.* PR, *vide supra,*   ipsius temporis BPRS

    Ex. 130: BPR,   *in textu sine lineis* S

[19] perfecto *pro* imperfecto S   imperfecti temporis BPRS   imperfecti, im *suprascr.* S

    Ex. 131: BPR,   *in textu sine lineis* S

[20] tam *om.* P   in tempore, in *om.* S   in imperfecto, in *om.* BPRS   perlicatio *pro* plicatio P   valet *pro* valeret S   potest *pro* post BPR   post se *pro* posset *corr.* B, PR, potest S

[21] hoc *pro* haec BP   hic *pro* ibi S, *om.* PR   dicta *om.* PR

    B 87r   M 117v   P 104   R 110v   S 89v

    Capitulum *om.* PRS   quartum *om.* BPRS   De errore... universali *om.* S   universali. Rubrica BM   ligaturam BPR

    49. [1] coligantur P

² Quem errorem sic reprobamus: Certum est quod ligatura pro essentiali differentia habet ascensum et descensum, tam in plana musica, quam in mensurata. ³ Quod sic probamus. Ligatura est coniunctio figurarum simplicium; hoc autem est solum propter cantare. ⁴ Sed in notis solum unius lineae vel unius spatii nunquam est cantus; ⁵ quod probatur eo quod omnis cantus consistit in tono vel parte eius. ⁶ Tonus autem, et pars eius, semper consistit in distantia duorum sonorum ad invicem per arsim et thesim, secundum omnes auctores musicae. ⁷ Tonus autem non potest esse in ligaturis eiusdem spatii vel eiusdem lineae, et per consequens neque cantus. ⁸ Tales ergo ligaturae non fierent ad cantandum, sed potius ad ululandum.

CAPITULUM QUINTUM

50 REPROBATIO CUIUSDAM ERRORIS IN SPECIALI

¹ Quidam autem, non attendentes ad ligaturarum naturam neque cantus supradictam, ligant in eodem spatio vel in eadem linea notas longas et breves, per se et etiam cum semibrevibus, et semibreves ad invicem, dicentes per tales quadraturas in uno corpore copulatas diversam consurgere armoniam, puta per repercussionem et non re-

---

² esscentiali *B*   quam etiam in *B*, etiam *in marg. m. rec.*
³ est *corr. B, om. PR*   conversio *corr. B m. rec., R,* converso *P*   solum est *M*
⁵ vel in parte, in *suprascr. m. rec. B*
⁶ arsin et thesin *B*   auctuores *B*
⁷ et eiusdem *P*   eiusdem spatii vel *om. S*
⁸ ullulandum *B*

B 87v   M 117v   P 105   R 111r   S 89v
Capitulum *om. PRS*   quintum *om. BPRS*   Reprobatio... speciali *om. S*   erroris *om. R*   speciali. Rubrica *M*
50. ¹ naturam ligaturarum *M*   supradictos *pro* supradictam *S*   ligatas *pro* longas *BPR*   etiam *om. M*   cum *om. P*   semibreve *pro* semibrevibus *BPR*   copulatum *pro* copulatas *BPR*   pura *pro* puta *S*   non *om. S,* non per *M*

percussionem; et eas sic ligant ad invicem:

Ex. 132

² Hunc autem errorem contra musicam mensuratam sic reprobamus in speciali: in coniunctione enim talium notarum, et incorporatione ipsarum ad invicem, aut volunt quod tales figurae sint unum corpus geometricum, aut plura et distincta. ³ Si plura, ergo innuunt pluralitatem vocis cum distinctione, sicut figurantur distincta et separata per lineationem; nam tunc erunt diversae notae et distinctae, et tunc cum repercussione seu distinctione deberent fieri. ⁴ Si autem dicant quod sunt unum corpus et plus continens, ideo vox plus protrahi debet; et si dicant: Si per tria tempora protrahis vocem pro nota longa simpliciter figurata, tantum plus debes protrahere vocem sine repercussione, quantum est in valore nota secum incorporata. ⁵ Tunc sic respendemus: primo, quod aut volunt facere notam valoris ultra tria tempora, aut sistunt in nota trium temporum. ⁶ Si ultra tria tempora dant notae, hoc est impossibile, cum probatum sit supra, primo libro, quod nota trium temporum in musica mensurata est omnium contentiva: omnes enim aliae sunt infra ipsam; ⁷ non potest ergo fieri nota sola ulterius comprehendens, quae non contineatur in nota trium temporum. ⁸ Si enim fiat quattuor, fiet bis duorum temporum; duo autem sunt pars trium. ⁹ Et si fiet quinque, fiet trium et

---

ad invicem ut hic, ut hic *in marg. m. rec.* B

Ex. 132: B *in textu,* R

² conversione *pro* coniunctione BPR   comperatione *pro* incorporatione B, comparatione PRS

³ sic *pro* sicut PR   cum distinctione seu cum repercussione BPRS, alterum cum *om.* S   deberet BS, debent MP

⁴ dicunt *pro* dicant S   et quia plus BPRS   innuens *pro* continens BPRS   plus vox debet protrhai BPRS, *reiec. c. c.*   nos *pro* vox PR et si, si *om.* BPRS   scilicet per *pro* si per BPR   protrhai *pro* protrahis BPR   pro nota... vocem *om.* S   longa *in marg. m. rec.* B, *om.* PR   tamen *pro* tantum BP   quam *pro* quantum S   est *in marg. m. rec.* B, *om.* PRS   secum nota habet incorporata S

⁶ Sed *pro* si *corr.* B, PR   sit probatum R   contra *pro* supra BPR   vel *pro* libro S   mensurata musica M

⁷ nec *pro* non BPRS   ergo *om.* BPRS   quod *pro* quae S

⁸ fiat *pro* fiet PR   duarum *pro* duorum P   enim *pro* autem S

⁹ sic *pro* si BP

duorum. ¹⁰ Et sic semper nota longa mensurabit et comprehendet sub se omnem notam secum incorporatam. ¹¹ Non potest ergo nota secum incorporari, quae non intelligatur distincta ab ista, cum sint diversae notae ab ea.

¹² Et ulterius sic arguimus: Impossibile est quod res diversarum naturarum per unum signum, sive per unam rem, possint ostendi et declarari, sicut per unam rem, nec per unum signum, nunquam possemus demonstrare equum et hominem simul. ¹³ Cum igitur in musica mensurata, in conceptu reali et scientifico, realiter notae quaelibet sint in suis naturis et essentiis distinctae, diversae et separatae specie, sicut longa a brevi et a semibrevi, vel numero, sicut longae ad invicem, et breves et semibreves, impossibile est igitur quod possit aliqua figura, una et sola existens, significare et demonstrare essentias talium notarum per unum et eundem conceptum.

¹⁴ Si autem dicatur: Fient diversi conceptus propter diversas lineationes diversarum notarum ad invicem corporatarum; tunc fit eis redargutio.

¹⁵ Dicebant enim quod talis figura erat unum corpus, et modo distinguunt corpus ipsum per diversas lineas; et per consequens debent ibi esse diversa corpora; ¹⁶ corpora enim et figurae geometricae non nisi per diversas lineas distinguuntur; ¹⁷ si ergo erunt distincta corpora, necessaria erit repercussio.

---

¹⁰ sic *suprascr.* B, *om.* PRS   comperatam *pro* incorporatam BS, comparatam PR

¹¹ incorporata *pro* incorporari BPR, incomporata S   intelligat *pro* intelligatur BPR   ipsa *pro* ista BPRS   sit *pro* sint BPR   naturae *pro* notae P   eo *pro* ea BPR

¹² ulterio *pro* ulterius S   inposibile B, *ut saepe*   res *in marg.* B, *om.* PR   notarum *pro* naturarum PR   equum et hominem demostrare simul MS, *reiec. c.c.*

¹³ realiter *om.* S   sit *pro* sint BP, sic R   in *in marg. m. rec.* B, *om.* PRS   et diversae BPRS   vel *om.* BPRS   sic *pro* sicut BPRS   enim *pro* igitur S   demostrare B

¹⁴ Instantia *praemittit* B   vero *pro* autem S   fieri *pro* fient S   comparatarum *pro* corporatarum RS   sit *pro* fit M, fiet R   eius *pro* eis S

¹⁵ Responsio *praemittit* B   Dicebat PR   deberetur *pro* debent B, deberent PRS

¹⁶ gemetricae *pro* geometricae M   nisy P

¹⁷ enim *pro* ergo S   essent *pro* erunt BPRS   esset *pro* erit S

¹⁸ Praeterea ipsi computant additionem spatii quam faciunt notae incorporatae, et per hoc dicunt debere fieri longior protractio.

¹⁹ Et tunc dicimus quod pari ratione debent computare subtractionem spatii quam faciunt notae additae a notis quibus adduntur. ²⁰ Et tunc debent dicere quod pari ratione debet fieri maior protractio. ²¹ Praeterea, etiam in figuratione nulla illarum erit nota scripta, vel solum una; et sit ratio geometrica talis. ²² Unum spatium ab eisdem lineis inclusum non potest simul esse in diversis corporibus rationabiliter; ²³ omne enim corpus propium spatium propriis lineis inclusum habet. ²⁴ Spatium ergo quod subtrahis a notis, copulando eas ad invicem, aut dimittit primam notam non in formam notae, per subtractionem quam facit linea secundae notae inclusae in ea, aut, si dictum spatium remaneret in prima nota, secunda non habebit formam notae; et sic de aliis. ²⁵ Incorporare ergo talia ad invicem copulando, non est formare notas, sed est addere quosdam angulos cuidam quadrato, et facere pentagonos vel exagonos, de quibus nihil ad musicam. ²⁶ Si autem sequantur suos conceptus, quibus res non correspondeant, teneant cum sint impossibiles: vanus est enim intellectus (secundum Philosophum, tertio de Anima) qui petit impossibilia. ²⁷ Conceditur tamen in cantu nota duplex longa, et tamen dicitur quod est duplex, quod non est aliud dicere nisi quod concipiatur ut duplex, sed non triplex

---

18   adictionem B, aditionem PS   per hoc *om.* S   quod deberet *pro* debere BPR

19   ratione *corr.* B   aditae MP   a *om.* S   a quibus BPR

20   deberent *pro* debent S   deberet *pro* debet BPRS

21   quod *pro* etiam BPRS   figurationem BPR   sumpta *pro* scripta BPRS   sic *pro* sit BPRS   tale *pro* talis S

22   ab eisdem *om.* S   non potest... inclusum *om.* S   esse *in marg. m. rec.* B, *om.* PR   rationaliter *pro* rationabiliter M

24   subtrahas *pro* subtrahis S   dimictit P   propriam *pro* primam BPRS   forma *pro* formam S   ut *pro* aut S   remanent *pro* remaneret P   secunda *om.* S   vero *pro* non BPR

25   Incorporate *pro* incorporare BPRS   copulare *pro* copulando BPR, *om.* S   sexagonos BPR   musicum *pro* musicam M

26   correspondeant, con *suprascr. m. rec.* B, correspondeat R, respondeat S   teneant *in marg.* B   sit *pro* sint S   enim *om.* S   phyloxophum B   in libro *pro* tertio *in marg. m. rec.* B, P *om.* PRS, in *solum* R

27   Concedit *pro* conceditur BPR   concipiat *pro* concipiatur BPRS

vel ultra. ²⁸ Cuius ratio est quia partes bene possunt adaequare totum, sed non excedere ipsum. ²⁹ Nota ergo duplex longa adaequatur in qualibet parte sui. ³⁰ Si autem esset triplex vel quadruplex, tunc fieret excessus: excederet enim partes tres vel quattuor totum a quo derivatae sunt, quod non est de duplici longa. ³¹ Duae autem breves, vel brevis cum altera brevi, incorporari non possunt; nam ponere eas in uno corpore esset facere unam longam imperfectam vel perfectam, quod innuitur solum per additionem caudarum, ut superius est ostensum. ³² Et similiter incorporando semibreves ad invicem, esset constituere unam semibrevem maiorem ex minoribus, quod etiam fit per additionem caudae, ut superius dictum est, scilicet via artis.

³³ Si autem ad pulchriorem armoniam sit necesse repercutere plures notas, dicimus quod si in uno corpore possunt includi via artis, ut dictum est, includantur; sin autem, propinquius figurentur etiam usque ad contactum, ita tamen quod una de spatio alterius nihil tollat, ratione superius allegata, ut hic:

Ex. 133

FINIT TRACTATUS SECUNDUS

---

²⁸ possunt bene *PR*
²⁹ Nam ecce quod *pro* nota ergo *S*   quaelibet *pro* qualibet *B*
³⁰ excederet... sunt *in marg. B, om. PRS*   devariatae *pro* derivatae *B* quid *pro* quod *S*   de duplici, de *suprascr. m. rec. B,* in d. *PR,* ultra duplicem *S* longam *pro* longa *S*
³¹ non possunt incorporari *M*   quae *pro* quod *M*   innuit *pro* innuitur *P*
³² corporando *pro* incorporando *BPR,* in componendo *S*
³³ sit *om. PR*   necessarie *pro* necesse *BPR*   non repercutere *BMPR* includant *pro* includantur *BP*   si *pro* sin *PR*   fugerent *pro* figurentur *S*   et *pro* etiam *S*   contractum *ex* contactum, r *suprascr. m. rec. B*   desperatio *pro* de spatio *PR*   ratio *pro* ratione *BPR*   ut hic *m. rec. B, om. S*
Ex. 133: om. BPRS, BP lineas habent sine notis

TRACTATUS TERTIUS

Capitulum Primum

DE MODIS QUID SINT

¹ Quoniam omnis cantus mensuratus consistit in aliquio modo discantandi, videamus de tali modo quid sit, et ad quid inventus sit.

² Modus autem, secundum magistrum Franconem, est cognitio soni longis brevibusque temporibus mensurati; quod non est aliud dicere nisi quod modus est cognitio proportionis quae consurgit ex notis brevibus et longis, via mensurae, mensurando scilicet ipsum tempus.   ³ Modi autem discantandi solum ad hoc inventi sunt, et diversi, scilicet ad armoniam multimodam constituendam in musica mensurata.

B 89r   M 108v   P 106   R 112v   S 90v

Titulum om. S Tractatus tertius et capitulum primum *M*, tractatus *om.* R tertius *om.* BPR   et capitulum primum *om.* BPR   sint. Rubrica *M*

51. ¹ cantandi *pro* discantandi BPRS
² coniunctio *pro* cognitio *M*   semilongis *pro* soni longis BPR   soni *om.* S   brevibus *pro* brevibusque P   scilicet *om.* BPRS
³ sunt inventi BPRS   sed *pro* scilicet S   ad armoniam, ad *om.* BPRS constituendam *om.* BPR   mesurata R

Capitulum Secundum

DE DISTINCTIONE MODORUM

¹ Modus autem, primaria distinctione, distinguitur in perfectum et in imperfectum. ² Nam ubicunque datur perfectio, per subtractionem etiam ibi imperfectio designatur.

³ Item modi distinguuntur inter primos et principales et reducibiles ad eos; nam sicut omnes numeri reducuntur ad duo et tria, sive ad par et impar (et isti sunt principales numeri et alii reductivi), ita in modis discantandi quidam sunt primi et principales, tam perfecti quam imperfecti, et alii ad ipsos sunt fundaliter reductivi. ⁴ Ergo intentionis nostrae est ostendere naturam modorum, tam perfectorum quam imperfectorum, primorum et principalium solummodo, ad ipsos modos alios reducibiles dimittendo.

Capitulum Tertium

AD QUID MODUS SIT INVENTUS

¹ Modus autem, ut superius dictum est, est solum cognitio qua cognoscitur quando fit perfecta proportio temporis, adinventa per copu-

---

B 89v   M 108v   P 106   R 113r   S 90v

Capitulum secundum *om. BPRS*   De distinctione modorum *om. S*

52. ¹ Modi *pro* Modus S   distinguit *pro* distinguitur BPR, distingunt S   scilicet *pro* in BPRS   in alterum *om. BPRS*
    ² in *pro* ibi B
    ³ sic *pro* sicut BP   a duo *pro* ad duo BS   sicut *pro* sive BPRS   paria et imparia S   ita... fundaliter reductivi *in marg. pr. m.* B   etiam *pro* et BPR, *om.* M   in *om.* BPRS   modus *pro* modis P, modi S   qui divisi *pro* quidam BPRS   tamquam perfecti P   fundatur *pro* fundaliter R   reducti *pro* reductivi RS   alios modos R, alios *om.* M

B 89v   M 109r   P 107   R 113r   S 91r

Capitulum *om. PRS*   tertium *om. BPRS*   Ad quid... inventus *om. S*   quid *bis script. sed alterum del.* B   sit inventus modus BPRS

53. ¹ solum *om.* M   quo *pro* qua S   sit *pro* fit BPR   adiuncta *pro* adinventa S   compilationem *pro* copulationem M

202

lationem vel separationem notarum talem proportionem constituentium.
² Et quia tempus non multiplicatur nisi tripliciter, multis rationibus superius in primo libro allegatis, ideo illa nota sola vel illae ad invicem distinctae pro qualibet ipsarum dicunt tria tempora. ³ Et quia illae sunt primae et principales tamquam perfectas proportiones temporum continentes, ideo discantus habens tales notas pro fundamento dicitur esse primus.

⁴ Primus ergo modus et perfectior discantandi est ille qui consistit ex omnibus longis, ut hic:

Ex. 134

⁵ Et tota sola ratio est eo quod totam perfectionem trium temporum contineat in qualibet parte sui, et dicitur primus simpliciter. ⁶ Et quia proportio reperitur etiam alio modo, puta ponendo brevem post longam, ut hic:

Ex. 135

ita quod perfectior nota sit in principio et imperfectior in fine, ideo etiam adhuc iste modus dicitur esse primus. ⁷ Sed tunc est solum primus secundum quid, est enim primus modus inveniendi proportionem trium temporum cum longa et brevi.

---

² nisi tripliciter *om.* S, triplicetur *pro* tripliciter R   et *pro* BPRS dant *pro* dicunt BPRS
³ Et quia *om.* BPRS   perfectae *pro* perfectas BPRS   proportionis *pro* proportionem BP, perfectionis R   *post* temporum *add.* tunc *in marg. m. rec.* B contentivae *pro* continentes BPRS   debet *pro* dicitur BPR
⁴ discantandi et perfectior BPRS, et *om.* S
    Ex. 134:   B *in textu,* P, R ex omnibus brevibus, *in textu sine lin.* S
⁵ tota *om.* S
⁶ etiam *ante* reperitur *suprascr. m. rec.* B, *om.* PRS   in alio BPRS modo *suprascr. m. rec.* B, *om.* PRS   cum longa *pro* post longam S
    Ex. 135:   B *in textu,* 3 *in secundo spatio,* P, R *in textu,* *in textu sine lin.* S
ita *corr. ex* itaque S   et *pro* ideo etiam S   est *pro* dicitur esse S
⁷ Sed... quid *om.* S

⁸ Secundo autem modo ponitur imperfectior nota ante et perfectior post, scilicet brevis ante et longa post, ut hic:

Ex 136

⁹ Et iste est secundus modus adinveniendi proportionem trium temporum inter notas. ¹⁰ Et discantus habens tales notas pro fundamento dicitur esse secundus modus.

¹¹ Tertius modus inveniendi proportionem trium temporum est ponere longam ante, quae dicit tria tempora, et brevem post, quae sit unius temporis, et alteram brevem, quae sit duorum, ut hic:

Ex. 137

propter quod discantus habens tales notas pro fundamento dicitur esse tertius modus.

¹² Quartus modus est postponere longam perfectam brevi et alterae brevi, ut hic;

Ex. 138

¹³ Quintus modus est, omissis longis, proportiones ternarii temporis invenire solum cum brevibus et semibrevibus, ut hic:

Ex 139

---

⁸ ponit *pro* ponitur *BPR*   ante *om. PR*   et *om. S*

Ex. 136:   B *in textu, PR,*   (bis) *in textu sine lin. S*

⁹ ad inveniendum *S*

¹¹ et brevem, et *om. BPRS*, brevis *BPR*   altera *pro* alteram *S*   sit *pro* fit *M*

Ex. 137:   B *in textu*, P, R *post* n^um 12 *posuit, in textu sine lin. S*

propter quod... modus *om. PR*   habens *in marg. m. rec. B*

¹² postponere *corr. B*, potest ponere *PR*

Ex. 138:   B *in textu*, PR 4 est longa, R *ex. post* n^um *11 posuit, in textu sine lin. S*

¹³ modus *om. M*   obmissio *pro* omissis *BPR*, omissus *M*, obmisis *S*   longae *pro* longis *R*   proportionis *BPRS*   solum *om. S*

Ex. 139:   B *in textu, punctum post* 4, P, R 11 *in quinta linea*   *in textu sine lin. S*

¹⁴ Et quia non possunt plus diversificari modi adinveniendi talem proportionem quod non reducantur ad istos, ideo debet dici quod modi perfecti discantandi non sunt nisi quinque primi et principales. ¹⁵ Et nota quod omnes possunt cantari tam de perfecto tempore quam etiam imperfecto.

Capitulum Quartum

DE SUBTRACTIONE MODORUM PERFECTORUM PROPTER QUAM CONSTITUUNTUR IMPERFECTI

¹ Quoniam omnis imperfectio tunc consurgit quando scilicet subtrahitur aliquid a perfectione, ideo a primis modis perfectis, in quibus reperitur ternaria perfectio, modi subtrahuntur imperfecti, in quibus non est reperiri nisi binaria. ² Et tanta fit subtractio a modis perfectis existentibus quinque, quod solum quattuor remanent imperfecti.

³ Primus modus imperfectus consistit in subtractione a perfecto; nam sicut ille constat ex omnibus longis perfectis, ita iste ex omnibus longis imperfectis.

⁴ Secundus constat ex longa imperfecta et duabus brevibus aequalibus.

⁵ Tertius, e converso.

---

14 istam *pro* istos S   plus quam *pro* nisi S, *om.* BPR
15 notum sit quod *corr.* B, PR   de imperfecto RS

B 90r   M 109r   P 108   R 114r   S 91v
Capitulum *om.* PRS   quartum *om.* BPRS   De subtractione... imperfecti *om.* S   modi imperfecti R   imperfecti. Rubrica M
54. 1 perfectio *pro* imperfectio M   quantum *pro* quando BPR   aliquid subtrahitur S   reperit *pro* reperiri S *in textu, in marg.* reperire   nisy P
2 sit *pro* fit BPR   remanentibus *pro* existentibus BMPR   quod *om.* BPR   solum quod S   imperfecta *pro* imperfecti S
3 modus *in marg. m. rec.* B, *om.* PRS   imperfecti *pro* imperfectus S   perfecta *pro* perfecto S
4 Secundus modus B, modus *in marg. m. rec.*

205

⁶ Quartus, ex omnibus brevibus et semibrevibus solum binariam proportionam mensurantibus.

⁷ Et nota etiam quod modi imperfecti possunt cantari tam de perfecto tempore quam etiam imperfecto.

⁸ Ut autem sciatur quis cantus cantari debeat de modo imperfecto, dicimus quod in principio cantus ipsius modi imperfecti, si ibi sit nota longa, vel ubicunque in ipso primo occurrerit ipsi notae longae, debeat ei addi cauda in sursum a latere sinistro. ⁹ Et potest probabiliter ratio sic demonstrari: Sicut superius dictum est de proprietatibus, cauda in sursum a latere sinistro dicit imperfectionem; ¹⁰ addatur ergo ipsi notae longae, non poterit dicere imperfectionem temporis, quia nota longa est; innuet ergo imperfectionem modi. ¹¹ Et hoc dicimus velle accipi pro signo universali et proprio ad cognoscendum cantus de modo scilicet imperfecto.

¹² Si autem cantus sit mixtus, puta de modo perfecto et imperfecto, cuilibet notae longae de modo imperfecto dicimus debere addi signum superius nominatum (et hoc est proprius quod tales cantus diversis coloribus figurentur), ut hic:

Ex. 140

---

⁶ Quartus modus *corr.* B   duabus *pro* omnibus S   brevibus et longa S solum et semibreve BPR   et semibrevibus... mensurantibus *om.* S   Quintus ex omnibus brevibus solum et semibrevibus binaria proportionem mensurantibus *add.* S

⁷ Notabile *praemittit* B   quod modi etiam BP, etiam *om.* RS   imperfecti *om.* S   tempore perfecto R   de imperfecto PR

⁸ modus *pro* cantus PR   ipsius cantus PR   principio *pro* primo BPRS   occurrunt *pro* occurrerit BPR   ipsa nota longa BPRS   ei *om.* BPRS

⁹ probari *pro* probabiliter PR, probabilis S   monstrari *pro* demonstrari M, demostrari B   est dictum BPRS

¹⁰ nota *pro* non R   quia nota, nota *om.* RS

¹¹ ultimae accepit *pro* velle accipi BPR   ultimi *pro* universali BPR

¹² sic *pro* sit B   ut hic   *post* nominatum *habent* et hoc est proprius quod tales cantus diversis (dicitur sed P) coloribus figurantur (figuretur S) BPRS, *om.* M: *quae verba dubitanter in textu accepimus*   ut hic *om.* BS, ut hic inferius patet R

Ex. 140: PR, *om.* BS

¹³ Si vero unus cantus proportionaretur ex longis perfectis, puta sic quod una cantaretur de tempore perfecto et alia de imperfecto, et sic deinceps, dicimus quod supra notas temporis perfecti ponatur .t., innuens ipsam pertinere ad ternariam divisionem, quae proprie est temporis perfecti; supra vero notas temporis imperfecti ponatur .b., innuens binariam divisionem, quae pertinet solum ad tempus imperfectum, ut hic:

Ex 141

¹⁴ Si autem aliquis cantus proportionetur ex una longa perfecta, vel pluribus, et duabus brevibus aequalibus, vel pluribus pertinentibus ad modum imperfectum, tunc post longam, si sola fuerit, vel post ultimam, si plures, ponatur signum perfectionis; supra vero brevem primam, littera .i. ponatur, innuens perfectionem modi, ut hic:

Ex. 142

vel e converso, ut hic:

Ex. 143

¹⁵ nisi forte essent diversorum temporum, puta quod notae modi perfecti cantarentur de tempore imperfecto, et notae imperfecti modi de tempore perfecto. ¹⁶ Tunc supra dictas notas perfectas ponatur .b., innuens ipsam ad divisionem binariam pertinere, hoc est temporis imperfecti; supra vero notas imperfecti modi et perfecti temporis, quod

---

13-17 *om.* BS   ponitur *pro* ponatur P   protrahere *pro* pertinere PR

Ex.141:   PR

14 proportionaretur PR   et duabus... vel pluribus *om.* PR   prima *pro* primam PR

Ex. 142:   PR
ut hic *om.* PR

Ex. 143:   PR
15 cantaretur *pro* cantarentur P
16 ipsam innuens PR, ipsam *bis script.* P   vero *om.* PR

est totum oppositum et in tempore et in modo, ponatur .o., innuens oppositionem praecedentium notarum, et in tempore et in modo, ut hic:

Ex. 144

vel e converso, ut hic:

Ex. 145

[17] Iuxta vero dictas regulas poterit quilibet cantus diversificari prout placebit musico, inveniendo diversam scilicet armoniam. [18] Et haec sufficiant in tertio libro de musica mensurata.

EXPLICIT LIBER TERTIUS DE MUSICA MENSURATA

---

ponatur... modo *om.* PR

Ex. 144:   PR

Ex. 145:   PR

[17] placuerit *pro* placebit R   [18] hoc *pro* haec B, hic P   sufficiant dicere B   de (*om.* P) musica mensurata sufficiant PR   in tertio *om.* BPRS   Finito opusculum Marcheti de padua deo gratias. Amen *add.* B

Explicit... mensurata *om.* BPRS; *post* mensurata *habet* editus a Magistro Marcheto de padua Serenissimo principi Roberto J. et Siciliae Regi M

55.

¹ Rogo omnes cantores: Psallite Deo nostro, psallite, quoniam rex omnis terrae Deus, psallite sapienter. ² Inclitus Christi praeco David, propheta eximius prophetarum, conformitatem imperans inter ecclesiam triumphantem, quae per angelorum triplicem ierarchiam laudes et hymnos sedule concinit Deo nostro, et ecclesiam militantem, quae laudes in die septies dicit ei, in verbis propositis duo mandat, scilicet: Deo psallere et psallere sapienter; innuens primo, mente et spiritu psallendum esse, iuxta etiam apostolicum documentum, et sub tertio modo rationibus et figuris esse psallendum; innuens secundo, in quo subdit una voce: psallite sapienter.

³ Igitur viam propheticam volens a Christi cantoribus imitari, ego, Marchetus de Padua, post librum a me conditum sapientiam planae musicae ostensivum, addidi componere librum istum, musicae scilicet mensuratae, quem et quomodo cantari et quomodo figurari et scribi rationabiliter, quantum ad quamlibet partem sui, adiuvante me religioso viro fratre Siphante de Ferraria ordinis fratrum Praedicatorum, me eidem referente quia est, et ipso propter quid est suis rationibus ostendente, in quantum scivi melius compilavi, ut ex eo cantoribus

---

B 94v   P 109   R 115r
55. *Totum capitulum om. MS; dubitanter eccepimus*
² petro *pro* praeco P, praeto R   conformitate R   angelos *pro* angelorum R   yerarchiam PR   ymnos BPR   concinit *ego*, contenit B, contempnit PR   etiam *pro* ecclesiam P   psallere sapienter, psallere *om.* R   ergo *pro* primo PR   etiam *om.* PR   esse psallendum, psallendum *om.* R   in secundo B
³ Marchettus B   vere *pro* me R   Feraria B   fratrum *om.* B   referrentem B   estenderet *pro* ostendente PR   in quantum... ostendatur *om.* PR

ostendatur quod musica mensurata non pro quocunque libito voluntatis et scribitur et cantatur, sed tamquam scientia inter scientias computata suis propriis principiis, mediis et conclusionibus utitur et clarissime decoratur, errores tollantur, veritas proponatur, et quilibet instruatur cantare Domino cupiens sapienter.   4 Hunc autem librum voluimus POMERIUM nuncupari, eo quod flores et fructus in eo totius pulchrae musicae sunt plantati ad laudem et gloriam Conditoris; cui est honor et gloria in saecula saeculorum.   Amen.

EXPLICIT POMERIUM ARTIS MUSICAE MENSURABILIS MAGISTRI MARCHETI DE PADUA CONDITUM CESENAE IN DOMO RAYNALDI DE CINTIS

---

cumque *pro* quocunque P   et scribitur, et *om*. PR   principiis *om*. R   utitur... decoratur *om*. PR
    4 librum *om*. PR   volumus *pro* voluimus PR   condictoris B   saeculorum saecula B, *reiec. c. c.*
    Subscriptionem non habet MS   magistri *om*. B   conditum *ego*, condita cdd.   domini *om*. PR   Reynaldi R   de *om*. B   Cyntris PR   *add*. Amen B

INDICES

AUCTORITATUM INDEX

Aristoteles

Pom.	2, 1	Accidentia multum conferunt ad cognoscendum quod quid est . . . . p.	39
		An., Prooem. 402b	
	4, 16	Ars imitatur naturam in quantum potest	50
		Phis., II 194a	
	8, 3	Bonus cytharoedus non deliberat	58
		Ethic., II 1103b	
	18, 5	Tempus est mensura motus	76
		Phis., IV 219b	
	19, 2	Unumquodque perficitur minimo sui generis	77
		Met., X 1052b	
	21, 18	Primum quod est in unoquoque genere est mensura... .	82
		Met., X 1052b	
	21, 29	*eadem sententia*	83
	21, 38	Perfectum et imperfectum opponuntur contradictorie... .	84
		Met., V 1021b	
	30b, 6	Finis est causa causarum et omnibus causis nobilior . . .	102
		Phis., II 195a	
	33, 1	Oppositorum est eadem disciplina	157
		Top., I 104a	
	50, 26	Vanus est intellectus qui petit impossibilia	199
		An., III 430b	

Franco

	4, 3	Proprietas addita notae ex parte dextra innuit notam longam .	49
		Ars, VII (CS I, 125a)	
	7, 2	Pausa protracta per omnia spatia... finis punctorum . . .	57
		Ars, IX (CS I, 126a)	

213

Pom. 19,	7	Tempus musicum est minimum: non quodcunque minimum tempus sed quod est minimum in plenitudine vocis *Ars*, V (CS I, 120b)	78
19,	12	*eadem sententia*	78
31,	13	maiores semibreves... artificiales *Ars*, V (CS I, 122b)	144
45,	1sqq.	Discantus est diversorum cantuum consonantia *Ars*, II (CS I, 118b)	184
46,	1-2	Ligatura est coniunctio figurarum per tractus debitos ordinata, etc. *Ars*, VII (CS I, 124a)	186
47,	26	Proprietas addita ligaturae descendenti in parte sinistra innuit primam brevem *Ars*, VII (CS I, 125a)	190
48,	12	In plica debet esse divisio eiusdem soni *Ars*, VI (CS I, 123b)	193
51,	1	Modus est cognitio soni longis brevibusque temporibus mensurati *Ars*, III (CS I, 118b)	201

GREGORIUS MAGNUS

1,	2	Inter cunctos ierarchicos actus... dulcisonae vocis actio... videtur esse specifica *Moral.* II, 7 (Migne, P. L. 75, 559)	35

PORPHYRIUS

26,	12	Illud est proprie proprium alicuius quod convenit omni et soli et semper *Isag.* 4a	95

MARCHETI L u c i d a r i u m

14,	2, 7	de signo quod a vulgo falsa musica nominatur... ...pro cognoscendis dissonantiis in cantibus mensuratis *Luc.* 60 sqq.	69,70
17,	19	Ubi poni debeat tale signum *Luc.*, ibid.	74
19,	9	de instrumentis necessariis ad vocem formandam *Luc.* 10	78

POMERII INDEX

Libri divisiones . . . . p. 31
Epistola 35

Prima Pars Primi Libri
De accidentibus musicae mensuratae

TRACTATUS PRIMUS

De caudis et proprietatibus 39
Cap. 1. De caudis et proprietatibus quid non faciant in musica mensurata . 41
» 2. De caudis et proprietatibus quid faciant in musica mensurata . . 48

TRACTATUS SECUNDUS

De pausis 54
Cap. 1. Quid sint pausae scriptae in cantu 55
» 2. Quomodo scribi et signari debeant pausae secundum antiquos . . 56
» 3. Quomodo confirmando dicta antiquorum scribi et signari debeant in cantu modernorum 58

TRACTATUS TERTIUS

De pontello 62
Cap. 1. Quae fuit necessitas quod iste pontellus in scripta musica figuretur 63
» 2. Quomodo de ipso post proprietates et pausas sit tractandum . . 64
» 3. Quid ipse pontellus faciat in musica mensurata 65

TRACTATUS QUARTUS

De quodam signo quod a vulgo falsa musica nominatur 68
Cap. 1. Quae fuit necessitas quod tale signum introduceretur in musica mensurata 69
» 2. Quomodo tale signum debeat proprio nomine nominari . . . 70
» 3. Quomodo post proprietates et pontellum sit tractandum de ipso signo 71
» 4. Quomodo debet ipsum signum in musica signari 71

Secunda Pars Primi Libri
De essentialibus musicae mensuratae

TRACTATUS QUINTUS

De tempore 75
Cap. 1. Quid sit ipsum tempus musicum 77
» 2. Quomodo ipsum tempus est distinguibile in musica 79
» 3. Reprobatur quorundam opinio tam circa diffinitionem temporis quam circa distinctionem eiusdem 80

TRACTATUS SEXTUS

Cap. 1. De ipso tempore quomodo applicabile est ad notas secundum se totum 85
» 2. De dubitatione quorundam circa notam duorum temporum quae dicitur altera brevis 88
» 3. De solutione praedicti dubii et de modo formandi notas . . . 89
» 4. In quo situ et loco notae debeant figurari quae diversis temporibus mensurantur 91
» 5. Cum qua proprietate debeat figurari altera brevis 94

TRACTATUS SEPTIMUS

De tempore quomodo applicabile est ad notas ipsas secundum divisionem ipsius in partes suas 97
Cap. 1. Quomodo ipsum tempus dividitur in suas primarias divisiones . . 99
» 2. Demonstratio essentiarum notarum quae ex talibus divisionibus figurantur 100
» 3. Quomodo tales notae ad invicem se habeant 101
   I. Prima divisio :
     De duabus semibrevibus in prima divisione temporis 102
     De tribus semibrevibus in prima divisione temporis 105
   II. De secundaria divisione temporis in sex semibreves :
     De quattuor 107
     De quinque 108
     De sex 108
     Dubitatio utrum de tribus possint caudari duae 112
     De quattuor 113
     Contradictio quaedam ad praedicta 113
     Hic quaeritur utrum de quattuor possint caudari duae . . . 115
     Hic quaeritur utrum de quattuor possint caudari tres 116
     De quinque semibrevibus quae et quot possint caudari . . . 116
     Quaestio utrum de quinque possint caudari duae 117
     Notabile circa praedicta 118
     De sex 120

  III. De tertia divisione temporis in duodecim. 126
    Notandum circa praedicta 136
    De septem, de octo, etc. 139
Cap. 5. Quomodo supradictae semibreves propriis nominibus nominentur . 143
 » 6. Quomodo semibreves pertineant ad secundam divisionem temporis . 146
    Primum dicti capituli 146
    Secundum dicti capituli 149
    De quattuor semibrevibus in novenaria divisione 150
    Tertium dicti capituli. De nominibus ipsarum semibrevium . . 153
    Notabile circa totum determinatum 153

Liber Secundus

De tempore imperfecto musice loquendo 157

TRACTATUS PRIMUS

Cap. 1. Quid sit tempus imperfectum musice loquendo 158
 » 2. Quomodo tempus perfectum et imperfectum essentialiter opponantur 159
 » 3. Quantum tempus imperfectum deficiat a perfecto 161

TRACTATUS SECUNDUS

De applicatione temporis imperfecti ad notas secundum ipsius totalitatem et
  multiplicationem 162

TRACTATUS TERTIUS

De applicatione ipsius temporis imperfecti secundum se totum ad notas via
  partialitatis et divisionis
Cap. 1. In quot principales partes ipsum tempus imperfectum dividatur . . 166
 » 2. De secundaria divisione temporis imperfecti uno modo sumpta . . 168
 » 3. De secundaria divisione temporis imperfecti alio modo sumpta . . 170
 » 4. Destructio cuiusdam erroris 170
 » 5. De distantia et differentia modi cantandi de tempore imperfecto
   inter Gallicos et Italicos et qui rationabilius cantant 172
 » 6. De nominibus et proportionibus semibrevium de tempore imperfecto Gallico et Italico 173

Liber Tertius

De musica mensurata et de hiis quae tractantur in ea in quantum
  ex eis consurgat diversimoda armonia 183

217

TRACTATUS PRIMUS

Cap. 1. De discantu quid sit 184

TRACTATUS SECUNDUS

De modo ligandi notas ad invicem sive de ligaturis, ex quo consurgit ipse discantus
Cap. 1. De diffinitione ligaturae et distinctione ipsius 186
» 2. De notis quae possunt ligari ad invicem et quomodo 187
» 3. De plicis 191
» 4. De errore circa ligaturas et primo in universali 195
» 5. Reprobatio cuiusdam erroris in speciali 196

TRACTATUS TERTIUS

Cap. 1. De modis quid sint 201
» 2. De distinctione modorum 202
» 3. Ad quid modus sit inventus 202
» 4. De subtractione modorum perfectorum propter quam constituuntur imperfecti 205

*Finito di stampare nella
Tipografia Giuntina
in Firenze
nell'Agosto
1961*